guía del

antiestrés

Sara Rose

p

NOTA
La información contenida en este libro no pretende ser
un substituto del consejo médico. Cualquier persona bajo
tratamiento facultativo debería consultar a profesionales
médicos o terapeutas cualificados antes de empezar
cualquiera de los programas de ejercicios descritos
en este libro.

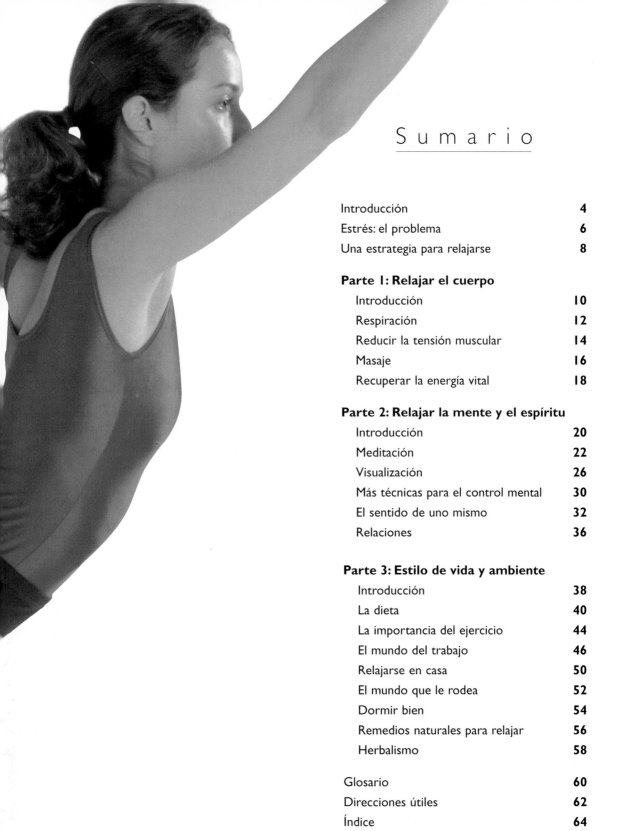

Sumario

Introducción   **4**

Estrés: el problema   **6**

Una estrategia para relajarse   **8**

Parte 1: Relajar el cuerpo

Introducción   **10**

Respiración   **12**

Reducir la tensión muscular   **14**

Masaje   **16**

Recuperar la energía vital   **18**

Parte 2: Relajar la mente y el espíritu

Introducción   **20**

Meditación   **22**

Visualización   **26**

Más técnicas para el control mental   **30**

El sentido de uno mismo   **32**

Relaciones   **36**

Parte 3: Estilo de vida y ambiente

Introducción   **38**

La dieta   **40**

La importancia del ejercicio   **44**

El mundo del trabajo   **46**

Relajarse en casa   **50**

El mundo que le rodea   **52**

Dormir bien   **54**

Remedios naturales para relajar   **56**

Herbalismo   **58**

Glosario   **60**

Direcciones útiles   **62**

Índice   **64**

Introducción

Sentirse bien es sinónimo de estar sano. Sin embargo, la mayoría de nosotros nos vemos atrapados en la vorágine del estrés y las presiones, lo que comporta que nuestro rendimiento descienda a un nivel muy por debajo de nuestras posibilidades y nos sintamos cansados, ansiosos e infelices. Este libro le ofrece un asesoramiento práctico para superar las presiones de la vida moderna, mantenerse sano y ganar vitalidad y sosiego.

Para reducir el estrés y conseguir un bienestar óptimo duradero es necesario dedicar un poco de tiempo al día a la relajación mental y física. La relajación es un conjunto de prácticas fáciles de aprender que le enseñarán a combatir los efectos del estrés y a restablecer el equilibrio entre la mente y el cuerpo, para que pueda disfrutar de una vida saludable y feliz.

Este libro le muestra distintas maneras, sencillas pero muy efectivas, de incorporar la relajación a su rutina diaria. Comienza con una descripción de los efectos perniciosos que una presión excesiva tiene sobre la mente y el cuerpo. Esto le ayudará a identificar esos

Mucha gente practica las técnicas de meditación para alcanzar la calma interior y sentirse mejor.

Volver a entrar en contacto con la naturaleza es una manera especialmente efectiva de aliviar las presiones de la vida moderna. Una puesta de sol espectacular puede rejuvenecer y renovar nuestros sentidos.

aspectos que minan su salud, de manera que pueda efectuar ciertos cambios en su vida para mejorarla. Más adelante, se tratan la relajación física y mental y se describen formas naturales para recuperar el equilibrio entre la mente y el cuerpo, empleando para ello técnicas diversas tomadas de las tradiciones oriental y occidental. Finalmente, se revisan los factores del estilo de vida y de las influencias del ambiente.

Muchos de los problemas físicos, mentales y emocionales pueden evitarse con un poco de esfuerzo. Estas páginas constituyen una guía práctica y sencilla para relajarse, conseguir una calma y serenidad duraderas, y disfrutar plenamente de la vida.

Estrés: el problema

Las exigencias de la vida moderna suponen una enorme presión para la mente y el cuerpo. El estrés es una parte inherente de la vida y, en su justa medida, no es necesariamente pernicioso. Así, ante la amenaza de un peligro inminente, el estrés positivo nos proporciona los mecanismos para enfrentarnos a él y superarlo. No obstante, cuando el estrés es excesivo, puede afectarnos física, emocional y espiritualmente, perjudicando nuestra salud.

Causas del estrés

Existe un amplísimo espectro de "agentes estresantes" (causantes de estrés): desde el rutinario sonido de un teléfono hasta un choque entre automóviles. Otros agentes estresantes son los grandes acontecimientos de nuestra vida, como los cambios de domicilio, los nacimientos, las bodas, los divorcios o la muerte; ciertos factores ambientales, como el ruido, las luces parpadeantes, las aglomeraciones, la contaminación; o bien un estilo de vida con una dieta deficiente y falta de descanso o de ejercicio físico. Y éstos, son sólo algunos ejemplos causantes de estrés. El temperamento de cada persona, su constitución y sus experiencias previas pueden moderar los efectos del estrés, pero, cuantos más agentes estresantes haya, menos capaz será de manejarlos de forma efectiva.

Los estadios de adaptación

El estrés tiene unos efectos físicos bien definidos, pero a veces no se dejan notar hasta pasados unos años. En la década de 1950, el médico estadounidense Hans Selye identificó tres estadios de adaptación en la respuesta humana frente al estrés prolongado.

1. Respuesta de alarma

La exposición a agentes estresantes dispara una reacción bioquímica conocida como "luchar o huir", se liberan hormonas del estrés en el flujo sanguíneo y se producen los efectos siguientes:

- Aumentan el ritmo cardíaco y la presión arterial.
- Se elevan los niveles de azúcar y colesterol en la sangre.
- Se respira más deprisa y se transpira.
- Aumenta la tensión muscular.
- Se interrumpen los procesos digestivos.
- Se reprime el sistema inmunológico.
- Aumenta la tensión emocional.

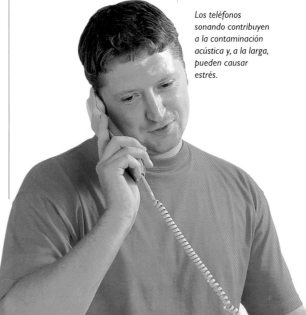

Los teléfonos sonando contribuyen a la contaminación acústica y, a la larga, pueden causar estrés.

2. Adaptación

Si las causas del estrés desaparecen o se responde a ellas, el cuerpo vuelve a funcionar con normalidad. En cambio, si el estrés persiste, el cuerpo acaba por adaptarse y, a pesar de que le pueda parecer que todo ha vuelto a la normalidad, su cuerpo agota las reservas de energía. Al cabo de cierto tiempo en estas condiciones, su organismo deja de funcionar de manera efectiva, lo que se manifiesta en forma de fatiga, irritabilidad y modorra.

3. Agotamiento

El estrés permanente provoca desequilibrios hormonales en el cuerpo y agotamiento. La represión del sistema inmunológico, junto a un metabolismo más lento y el descenso de las tasas de reposición celular dan como resultado un envejecimiento prematuro, aumento de peso y un riesgo mayor de padecer enfermedades degenerativas. El cuerpo aminora la marcha, padece pequeñas afecciones recurrentes y la persona se siente psicológicamente "quemada", e incluso es posible enfermar gravemente o sufrir una crisis. Sin embargo, aunque el estrés puede producir un gran número de trastornos, no es en sí mismo una enfermedad. El estrés se crea como respuesta habitual a situaciones difíciles o a causa de un estilo de vida poco saludable. Se trata de ciertos hábitos con los que usted puede romper, siempre y cuando esté dispuesto a cuidarse y controlarse mejor.

El cuerpo es un sistema de energías que necesita mantenerse equilibrado para funcionar adecuadamente. Cualquier tipo de ejercicio cardiovascular –incluso caminar– le ayudará a mantener su cuerpo en buenas condiciones.

Un cuerpo equilibrado

Las funciones bioquímicas, estructurales y psicológicas del cuerpo están equilibradas de forma muy precisa para garantizar una buena salud física y mental; cualquier desajuste en un área puede comportar la aparición de problemas en otras zonas. Una salud óptima requiere, pues, cuidar todas las partes. Un cuerpo sano y una mente activa y clara, junto con una actitud positiva, le ayudarán a mantener el equilibrio.

Una estrategia para relajarse

La clave para relajarse es reconocer que se está sometido a una presión excesiva y, en consecuencia, dedicarse tiempo a uno mismo. Desarrollar la habilidad de relajarse a voluntad en momentos de intensa presión e incorporar estrategias antiestrés a largo plazo le ayudará a sentirse más calmado y a tener mayor control sobre su vida.

Beneficios de la relajación

La relajación puede contrarrestar casi todos los efectos del estrés. La relajación reduce los niveles de adrenalina y, por tanto, el estrés sobre el sistema cardiovascular, lo que comporta, a su vez, un descenso de la presión arterial. Asimismo, se respira más despacio y de forma más controlada, los músculos se destensan y los procesos digestivos mejoran, al tiempo que el sistema inmunológico se

El insomnio, junto con un cansancio permanente, pueden ser signos de que su organismo está bajo presión y de que necesita cambiar algo en su vida.

activa y nos hace menos propensos a las enfermedades.

Cómo identificar el estrés

Los síntomas del estrés se manifiestan en nuestro comportamiento y también a nivel emocional y físico. Si usted experimenta de forma regular más de cinco de los síntomas indicados a continuación, debe ponerse manos a la obra de inmediato.

Comportamiento

- Consumo excesivo de alcohol y tabaco.
- Apetito deficiente o excesivo.
- Evita a los demás y es incapaz de disfrutar con la compañía de otras personas.

Emocional

- Irritabilidad, ira y predisposición a estallar por cualquier cosa.
- Dificultad para tomar decisiones, concentración mental y memoria deficientes.
  - Se siente sobrecargado e incapaz de sobrellevar tal carga.
  - Depresión.
  - Ganas de llorar.
  - Ningún sentido del humor.

Los dolores de espalda y de cabeza son dos de las formas más comunes que tiene el estrés de manifestarse.

Físico

- Cansancio constante.
- Insomnio.
- Calambres.
- Dolor muscular y otros dolores, incluidos el dolor de espalda y de cabeza.
- Problemas en la piel.
- Hipertensión.
- Palpitaciones y ataques de pánico.
- Problemas respiratorios, incluidos el asma, respiración poco profunda e hiperventilación.
- Indigestión, acidez de estómago, úlceras, diarrea nerviosa o estreñimiento.

No siempre es posible evitar el estrés, pero ser capaz de identificar las causas del mismo es el primer paso para empezar a combatirlo. En ocasiones, usted puede poner en práctica una serie de medidas que le ayuden a llevar una vida más calmada. Así, por ejemplo, si ir de compras le resulta estresante, ¿por qué no encarga la compra por teléfono?

Relajación

Aprenda a relajarse durante los momentos de gran estrés. Piense en alguna actividad que pueda asociar a la calma, como por ejemplo estar tendido al sol o tomando un baño caliente. Cuando se sienta bajo presión, piense en su actividad de relajación.
Su mente lo asociará con un sentimiento de paz y enseguida comenzará a sentirse relajado.

Plan horario

Al margen de que usted sea capaz de identificar los síntomas del estrés, a veces es difícil reconocer cuál es la causa que lo origina. Si sigue un plan horario, le será más fácil detectar los agentes estresantes de su vida.

1
Divida cada página en secciones para hacer un plan de toda la semana, bien por horas o bien según las distintas partes del día (p. ej. desayuno, mañana, comida, tarde, noche).

2
Anote todas sus actividades durante el día y cómo se ha sentido durante cada una de ellas.

3
Si siente un síntoma de estrés, anótelo enseguida en su horario, quizá con una aclaración de lo que ha pasado previamente a la aparición del síntoma.

4
Al final de la semana, evalúe las veces que se ha sentido estresado y las que se ha sentido relajado.

	Lunes	Martes	Miércoles	Jueves	Viernes	Sábado	Domingo
Desayuno							
Mañana							
Comida							
Tarde							
Noche							

Introducción

Una respiración controlada y eficiente y una cierta habilidad para relajarse son factores de vital importancia para combatir de forma efectiva el estrés. Los ejercicios sencillos de respiración y las técnicas de relajación muscular reducen los efectos físicos y mentales del estrés y aumentan el bienestar. Por su parte, las terapias de contacto y de movimiento aportan beneficios a la mente y al cuerpo, ya que aumentan los niveles de energía y generan una sensación de relajación profunda.

Para relajarse físicamente, usted puede practicar una gran diversidad de técnicas de distintas partes del mundo. No necesita realizarlas todas en su rutina diaria, pero sí conviene que ensaye el mayor número de ellas para dilucidar cuál es la que más beneficios le aporta y con cuál se siente más cómodo. Algunas de estas técnicas, como la reflexología o el masaje, requieren la colaboración de otra persona, aunque también puede obtener beneficios aplicándoselas usted mismo.

En cuanto haya encontrado el conjunto de ejercicios de relajación que más se le adecuen, es importante que los practique diariamente, de la misma forma que lo haría con un deporte u otra disciplina de ejercicios. Para conseguir resultados estables y duraderos, es preciso que la relajación entre a formar parte de su estilo de vida y no sólo sea una manera de romper la rutina cotidiana. Los pocos minutos que usted dedique a relajar los músculos de su cuerpo o a controlar la respiración cada mañana o cada noche le aportarán grandes dividendos para el resto del día. Algunas personas prefieren realizar los ejercicios de relajación al final de la tarde, preparándose así para un reparador descanso. Si éste es su caso, recuerde que no debe hacer ejercicio físico después de las comidas o poco antes de acostarse.

Los ejercicios matutinos de respiración controlada y de relajación, realizados antes de ir al trabajo, le ayudarán a alcanzar el estado de ánimo ideal para disfrutar de una jornada estupenda.

Masajear las manos puede darnos la clave para aliviar la tensión en el resto del cuerpo.

Un lugar para el relax

Al igual que con cualquier otro ejercicio físico, el ambiente y la ropa son tan importantes como los ejercicios que realice. Intente por todos los medios encontrar una habitación confortable en la que no le molesten –le resultará mucho más difícil relajarse si la televisión está encendida en algún rincón de la habitación–. Debería llevar prendas de vestir holgadas que le permitan moverse y respirar con comodidad.

A pesar de que seguir una rutina de relajación le ayudará a sobrellevar el estrés, es casi seguro que en su día a día habrá de enfrentarse a crisis imprevistas, tanto en el trabajo como en casa. Es precisamente en esos momentos cuando debería tomarse unos minutos y aplicar las técnicas de respiración o de automasaje que le permitan centrar el problema y encontrar la mejor solución,

evitando así que el propio problema acabe abrumándolo. Cualquiera que sea la rutina que usted haya escogido, comprobará cómo con la práctica su salud mejora y se siente mejor, a la vez que trata con los desafíos de la vida con mayor facilidad y menos estrés.

Esta postura de yoga, Namaste invertida (la postura del orador), es buena para fortalecer los hombros y los músculos de los brazos, así como para abrir la caja torácica.

Respiración

Una respiración correcta es la clave de la relajación de la mente y del cuerpo. La manera de respirar es un reflejo de su salud y de cómo se siente. Cuando se está ansioso se respira deprisa y superficialmente, mientras que si estamos relajados respiramos más despacio y con mayor profundidad. Muchos años sometidos a estrés y un estilo de vida deficiente contribuyen a que la respiración rápida y superficial sea la norma para la mayoría de nosotros.

La respiración es esencial para la vida. Cuando usted respira, entra oxígeno en el flujo sanguíneo y se produce la energía que su cuerpo necesita para funcionar. La respiración es una actividad automática e involuntaria que, sin embargo, puede controlarse de forma consciente. En momentos de gran estrés, tomarse unos minutos para aminorar la marcha y controlar la respiración le ayudará a calmarse rápidamente.

Una respiración correcta y efectiva debe provenir de la zona más profunda de los pulmones.

Los efectos de una respiración deficiente

Cuando aumentan los niveles de estrés, la respiración suele quedar restringida al tercio superior de los pulmones. Además, se produce un descenso del dióxido de carbono, necesario para mantener la acidez de la sangre, y las toxinas no pueden ser expulsadas con el aire. Esto tiene un efecto perjudicial en nervios y músculos, y puede dar lugar a cansancio, palpitaciones y ataques de pánico. Si aprende a respirar bien, es posible evitar estas disfunciones y reducir, además, tanto el ritmo cardíaco como la presión arterial y la concentración de hormonas del estrés. Así pues, son muchas las ventajas de respirar correctamente.

Respirar por salud

Respirar en profundidad y tener un ritmo cardíaco bajo son signos de una buena salud. Cuanto más profundamente respiremos, mejor se oxigenarán los tejidos, y cuanto más fuerte esté nuestro corazón, menos necesidad tendrá éste de latir.

Cómo respirar

Para mejorar su respiración, primero ha de tomar conciencia de la misma. Si cree que respira demasiado deprisa y con poca profundidad, el siguiente ejercicio –conocido como respiración abdominal– le ayudará a respirar de forma más natural. En este ejercicio se utiliza el diafragma (músculo situado en la parte superior del abdomen) para llenar y vaciar los pulmones con un esfuerzo mínimo.

1

Siéntese en una postura cómoda, con los ojos abiertos o cerrados. Coloque una mano en el pecho y la otra sobre el diafragma, en la parte superior del abdomen. Inspire lentamente por la nariz, hágalo evitando que la mano que tiene sobre el pecho se mueva demasiado.

2

Contenga la respiración durante unos segundos y luego espire lentamente por la nariz. Saque todo el aire que pueda.

3

Repita este ejercicio durante unos minutos, hasta que se sienta más calmado.

Respiración alterna

Suénese para despejar los conductos nasales. Coloque los dedos índice y corazón en la frente, y el pulgar y el dedo anular a cada lado de la nariz. Cierre el orificio nasal derecho e inspire por el izquierdo. A continuación, cierre el orificio nasal izquierdo y espire por el derecho. Repita esta dinámica alternando los dos orificios nasales. Este ejercicio le ayudará a tomar conciencia de cada respiración, pero, si se siente mareado, deténgase.

La respiración alterna le puede ayudar a conseguir mayor equilibrio y lucidez mental.

Fuerza vital

Muchos filósofos orientales creen que el aire, además de contener oxígeno, posee energía vital (denominada *prana* en la India, *chi* en China o *qi* en Japón). Al realizar los ejercicios de respiración de una forma consciente, usted puede acumular energía y revitalizar tanto su cuerpo como su mente.

Reducir la tensión muscular

Cuando la mente y el cuerpo están sometidos a presión, los músculos se tensan. La contracción y los calambres musculares restringen el aporte de sangre, produciendo dolor, fatiga y tensión. Si los músculos están demasiado tensos, la postura, la movilidad y el funcionamiento del organismo pueden verse seriamente afectados. Para relajar los músculos, es preciso que primero localice la tensión y luego trate de aflojarla.

Relajación progresiva de los músculos

Esta técnica de relajación, que tensa y afloja los grupos de músculos principales del cuerpo, le ayudará a calmarse y a reducir la tensión muscular. Escoja un momento tranquilo del día en el que sepa que no van a interrumpirle.

1

Descálcese y aflójese las prendas que le aprieten. Tiéndase en el suelo sobre una colchoneta o sobre una cama poco mullida y coloque una almohada bajo la cabeza, como soporte. Cierre los ojos y concentre su atención en respirar despacio, insistiendo en la espiración.

2

Tense los músculos del pie derecho durante unos segundos, luego aflójelos. Tense y relaje las pantorrillas, luego los muslos. Repita con el pie y pierna izquierdos.

3

Tense y afloje los músculos de la mano y el brazo derechos, luego los del izquierdo.

4

Tense y afloje los músculos de las nalgas, luego los del estómago.

5

Levante los hombros en dirección a las orejas, manténgase así unos segundos, luego afloje. Repita tres veces. Gire la cabeza suavemente a un lado y a otro.

6

Bostece y haga muecas. Frunza el ceño, arrugue la nariz y afloje. Levante las cejas y luego relaje los músculos de la cara.

7

Concentre su atención en la respiración otra vez. Mueva los dedos de manos y pies, luego levántese poco a poco.

Técnica de Alexander

Este método de autoconciencia persigue mejorar el equilibrio, la postura y la coordinación corporales, de forma que el cuerpo pueda operar con la menor tensión posible. Mantener una buena postura estando de pie y moverse de forma correcta aliviarán su tensión muscular y permitirán que los sistemas de su organismo funcionen de forma eficiente.

La técnica consiste en tres estadios: aflojar toda tensión no deseada; aprender nuevas formas de moverse, de estar de pie o de sentarse; y aprender nuevos modos de reaccionar física y mentalmente ante situaciones diversas. Para dominar esta técnica es necesaria la participación de un profesor cualificado y una práctica regular.

Terapia de flotación e hidroterapia

Los tanques de flotación están insonorizados y contienen agua caliente en la que se han disuelto sales minerales para que el cuerpo flote sin esfuerzo. Se trata de una forma de aislar el cuerpo y la mente de los estímulos externos con el objetivo de inducir a la persona a una relajación profunda. Durante la flotación, el cuerpo y la mente se relajan profundamente y el cerebro libera endorfinas, unos analgésicos naturales.

El agua caliente dilata los vasos sanguíneos, reduciendo la presión arterial. Un remedio casero bien sencillo para relajar la rigidez muscular es tomar un baño de agua caliente.

Masaje

Utilizar el tacto es una manera muy efectiva de relajarse, y el masaje, en particular, es una de las formas más fáciles y fiables de aliviar el estrés y relajar los músculos doloridos. El masaje es una terapia sedante que libera tensiones y reduce la ansiedad. Existen muchos tipos de masaje, muchos de los cuales se han incorporado en varias terapias complementarias.

Efectos físicos del masaje

Un masaje suave estimula las terminaciones nerviosas de la piel, que transmiten los mensajes al cerebro a través del sistema nervioso. El cerebro responde liberando endorfinas: unos analgésicos naturales que producen sensaciones placenteras. El masaje ayuda en la relajación puesto que actúa sobre los sistemas que controlan la presión arterial, el ritmo cardíaco, la digestión y la respiración, todo lo cual contribuye a mejorar su salud.

El masaje puede reducir el exceso de hormonas del estrés que circulan por el flujo sanguíneo.

Masaje del cuello y de los hombros

Es muy frecuente que los músculos del cuello y de los hombros se tensen excesivamente. Cuando estamos cansados, solemos encogernos, forzando y tensando los músculos del cuello y de los hombros. En estos casos es muy relajante recibir de un masaje de cuello y hombros, pero también uno mismo se puede aplicar fácilmente un masaje en estas zonas.

Recibir un masaje

Asegúrese de que la habitación está caldeada y sea confortable, luego desvístase y túmbese. Su compañero o compañera debe calentarse las manos previamente y luego ponerse unas gotas de aceite de masaje en las palmas. Después debe masajear la zona que rodea los omoplatos durante unos minutos. A continuación, debe colocar sus manos en la parte superior de los omoplatos y aplicar un masaje, rotando los pulgares, a lo largo de los omoplatos, entre la columna vertebral y éstos (no presionar sobre los huesos). Para finalizar puede masajear los hombros para liberar las tensiones más profundas.

Automasaje

Encoja los hombros y échelos hacia atrás tanto como le sea posible. Permanezca en esta posición unos segundos y luego afloje. Repita cinco veces. Coloque la mano en la parte más alta del brazo y masajee la carne con firmeza, moviéndola lentamente hacia el cuello. Repita tres veces. Presione los dedos en la parte posterior de su cuello y mueva las yemas de los dedos imprimiendo un movimiento circular en dirección a la base del cráneo. Repita cinco veces. Aguantando la parte posterior de la cabeza, haga rotar los pulgares en la base del cráneo.

Remedios para el dolor de cabeza

Pásese las yemas de los dedos suavemente por la frente, trabajando desde el centro hacia las sienes. A continuación, coloque la palma de la mano en la frente con los dedos dispuestos horizontalmente y, con delicadeza, muévala hacia el nacimiento del cabello. Repita con la otra mano y continúe hasta que la tensión desaparezca.

El masaje regular de las manos puede aliviar problemas de las articulaciones, así como la artritis.

Masaje de manos

Masajee la piel que hay entre el pulgar y el dedo índice, con la mano opuesta, presionando lo más cerca posible de la unión ente ambos dedos. Continúe por lo menos durante un minuto, luego repita con la otra mano. Esta es una técnica empleada en acupresión, una antigua forma de masaje curativo procedente de China.

Precaución

No masajee zonas inflamadas, fracturadas o con hematomas, tampoco zonas de la piel que estén infectadas. En el primer trimestre de embarazo, no se debe masajear el estómago, las piernas ni los pies. Si sufre de varices, dolor de espalda o trombosis, busque asesoramiento médico profesional antes de recibir un tratamiento de masaje.

Recuperar la energía vital

Cada día acumulamos estrés, que se almacena en nuestras mentes en forma de ansiedad y en nuestros cuerpos, como tensiones. Muchas filosofías mantienen que la tensión bloquea el flujo de energía vital y nos impide rejuvenecer. Las terapias que desbloquean estas tensiones permiten que el cuerpo recupere su estado de equilibrio.

Yoga

El yoga se practica en la India desde hace miles de años y hoy en día es conocido en el mundo entero. Existen muchos tipos de yoga, pero el más común en Occidente es el hatha yoga, que quiere decir equilibrio entre mente y cuerpo. El hatha yoga incluye posturas corporales (asanas) y técnicas respiratorias (pranayama) que preparan al cuerpo para que la mente pueda meditar sin impedimentos ni obstáculos.

Respirar correctamente es la clave del hatha yoga y, cuando se hace de forma apropiada, cada movimiento se realiza coordinadamente con la respiración. Cada asana está concebido para estirar y fortalecer el cuerpo. En general, cada postura se suele mantener entre 20 segundos y dos minutos.

Cualquier persona puede practicar yoga, no importa el nivel de forma física que tenga o la edad, pero al principio es mejor asistir a clase con un profesor cualificado.

La práctica diaria del yoga aumenta la energía y la resistencia física, tonifica los músculos, mejora la digestión y la concentración mental, y le ayuda a relajarse y enfrentarse a los agentes estresantes del día a día.

El Natarajasana, o postura del dios de la danza, le ayuda a fortalecer los músculos de piernas, pies y parte inferior de la espalda; este asana también mejora el equilibrio.

Precauciones

Si padece alguna afección en la espalda, hipertensión, problemas de corazón, o bien está embarazada, consulte a su médico antes de empezar un nuevo programa de ejercicios. Ciertas posturas invertidas deben evitarse en caso de embarazo o menstruación, mientras que otras no son muy adecuadas para personas que estén sometidas a tratamiento médico. Consulte primero a su profesor de yoga.

Los beneficios físicos de la antigua práctica china del tai chi chuan incluye la tonificación y el estiramiento de los músculos, así como mejoras en el funcionamiento de los órganos internos, en la postura corporal y en la circulación sanguínea.

Tai chi chuan

Este arte marcial de origen chino utiliza secuencias de movimientos lentos y gráciles junto a técnicas respiratorias para relajar la mente y el cuerpo. El tai chi chuan persigue restablecer el equilibrio del *chi* y fomentar la salud y la vitalidad.

Flujo de chi

La antigua filosofía china enseña el concepto del yin y el yang: fuerzas opuestas cuyo equilibrio en el interior del cuerpo es esencial para el bienestar general.

La interacción del yin y del yang genera el *chi*, o *qi*, una "fuerza vital" invisible que fluye por todo el cuerpo. La libre circulación del *chi* es vital para disfrutar de una buena salud. Se dice que la enfermedad es debida, precisamente, a bloqueos de la energía *chi*.

Reflexología

Los masajes de pies y manos han sido utilizados desde la antigüedad para favorecer la relajación y mejorar la salud. Las manos y los pies se consideran espejos del cuerpo y la presión en puntos reflejos específicos parece tener un efecto en una zona corporal determinada. Los reflexólogos creen que los depósitos granulares que se acumulan cerca de los puntos reflejos bloquean el flujo de energía. La reflexología tiene como objetivo eliminar tales depósitos y mejorar la circulación de la sangre para expulsar las toxinas.

En general, la reflexología se suele aplicar en los pies por un reflexólogo cualificado y es una terapia muy relajante, pero usted también puede darse un masaje en las manos en cualquier momento para aliviar el estrés.

El buen reflexólogo utilizará los mapas de sus pies para descubrir la zona que debe ser tratada para aliviar el dolor, la molestia o la afección de alguna parte del cuerpo.

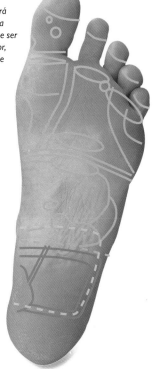

Introducción

Nuestros pensamientos, estados de ánimo, emociones y creencias tienen un impacto decisivo sobre nuestra salud, sistema inmunológico y mecanismos de autocuración. Para estar sanos de verdad, necesitamos cuidar tanto la mente como el cuerpo. Existen muchos tipos distintos de terapias mentales diseñadas para relajar la mente e invertir las respuestas del organismo frente al estrés. Hasta cierto punto, el tipo de persona que usted sea determina el tipo de respuesta frente a un acontecimiento de gran estrés. No obstante, hay muchas técnicas que puede aprender para mejorar la imagen que usted tiene de sí mismo, y que le ayudarán a sobrellevar mejor todos los desafíos y adversidades de la vida.

Las técnicas que se describen en esta sección, como la meditación o la visualización, le ofrecen maneras de relajar la mente para que usted pueda controlar sus respuestas frente al estrés, cambiar su autoimagen y el modo de enfrentarse a los problemas.

Ponga la atención de todos sus sentidos en una pieza musical para calmar su interior.

Conozca su mente

Relajar la mente es el complemento natural de relajar el cuerpo. Además, para lidiar efectivamente con el estrés, es aconsejable dominar la relajación de ambos, mente y cuerpo. Para aquellas personas que no estén familiarizadas con la meditación u otras formas de controlar los pensamientos, es posible que al principio la relajación mental no les resulte algo muy natural. No obstante, al igual que sucede con otras formas de ejercicio físico, la práctica regular de la relajación mental hará que usted la incorpore a su vida como algo natural.

La relajación mental, al igual que la relajación física, precisa de un lugar tranquilo y confortable para que sea efectiva. Además, siempre le será más fácil separar su mente del mundo inmediato que la rodea, si sus sentidos no se ven amenazados por el bombardeo constante de un bullicio cercano. De hecho, tanto para los ejercicios de meditación como para los de visualización, a mucha gente le ayuda concentrar la atención de sus sentidos en algo relajante, ya sea una música apacible, imágenes bellas, escenas tranquilas o su fragancia favorita. Sin embargo, no es necesario que estas cosas estén físicamente presentes; su recuerdo puede ayudarle a relajarse y a controlar su mente.

A medida que vaya adquiriendo experiencia en controlar las reacciones de su mente, comprobará que cada vez le resulta más fácil conectar con el estado de relajación, a pesar de las distracciones que haya a su alrededor. Algo que, sin duda, ha de beneficiarle en situaciones de gran estrés.

Junto a la necesidad de relajar su mente y controlar sus respuestas frente al estrés, también es importante que usted cambie el concepto que tiene sobre su persona y sobre su vida. Son pocas las personas conscientes del poder destructivo que tiene pensar sobre los fracasos por no haber conseguido ciertos objetivos o incluso pensar en otras cosas negativas que aún no han ocurrido. Aprender a valorar lo que usted ya ha conseguido y establecer objetivos realistas son maneras muy efectivas de evitar el estrés innecesario.

Sin embargo, la relajación mental no sólo se basa en factores internos; la compañía de otras personas también le puede aportar felicidad, tranquilidad y apoyo en circunstancias difíciles de su vida cotidiana. Desarrollar y fortalecer las relaciones con su familia y amigos es, asimismo, una factor clave para conseguir el sosiego.

Visualizar su lugar favorito puede ayudarle a cambiar la perspectiva de su mente hacia una visión más positiva en momentos decisivos.

Meditación

La meditación es una forma muy efectiva de centrar la atención de su mente y conseguir relajación, calma y tranquilidad. La meditación le ayudará a adquirir nuevos puntos de vista y a sobrellevar los problemas. A menudo, la meditación se utiliza como herramienta para alcanzar la "iluminación", pero también puede practicarse para relajarse y aliviar el estrés.

¿Qué es la meditación?

Existen varios tipos de meditación, pero todos ellos persiguen aquietar la mente. La intención es dirigir la concentración de la mente para que no se distraiga y se estrese, llenándola de calma y paz. Cuando la mente está calmada y su atención centrada en el presente, ya no reacciona a los recuerdos ni a las preocupaciones sobre el futuro, dos de las fuentes principales del estrés crónico.

La meditación puede dividirse en dos grupos básicos:

La meditación es una manera efectiva y práctica de lidiar con el estrés.

1. Meditación de concentración

El principio es concentrar la atención de la mente en algo específico, como la respiración, una imagen o una frase, para así aquietar la mente, facilitar el despertar de la conciencia y potenciar la claridad mental.

2. Meditación de atención vigilante

Este tipo de meditación también es conocido como vipassana, o concentración "pasiva". La meditación de atención vigilante consiste en un estado mental en el que usted está atento a todas las cosas que experimenta, pero no se siente apegado a ellas. Su atención es consciente de las sensaciones, sentimientos, imágenes, pensamientos y sonidos, pero no piensa expresamente en ellos: los observa pero no los juzga. En otras palabras, usted experimenta lo que está sucediendo aquí y ahora para conseguir un estado mental calmado, claro y no reactivo. Si se utiliza la analogía de una cámara fotográfica, es como si mirara a través de un objetivo gran angular: usted experimenta más territorio y su atención se expande.

La meditación
y el cerebro

El cerebro es la computadora del cuerpo, el centro de todos los pensamientos, sentimientos y experiencias sensoriales, así como el centro de coordinación de todas las funciones del organismo. El cerebro intercambia mensajes con todas las partes del cuerpo a través de la médula espinal. Las células del cerebro se comunican entre sí mediante diminutos impulsos eléctricos. La meditación afecta a la actividad eléctrica del cerebro, provocando la producción de ondas alfa de alta frecuencia: ondas cerebrales asociadas con la relajación profunda y la atención mental. Todo esto, por su parte, nos ayuda a reducir el tipo habitual de respuestas frente a los peligros y el estrés.

Durante el estado alfa, la parte del sistema nervioso que predomina es la que gobierna las funciones automáticas del cuerpo —como la respiración, transpiración, salivación, digestión y ritmo cardíaco—, invirtiendo el mecanismo de "luchar o huir" frente al estrés o amenazas de peligro.

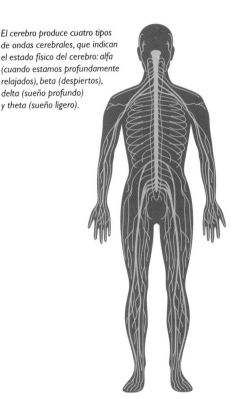

El cerebro produce cuatro tipos de ondas cerebrales, que indican el estado físico del cerebro: alfa (cuando estamos profundamente relajados), beta (despiertos), delta (sueño profundo) y theta (sueño ligero).

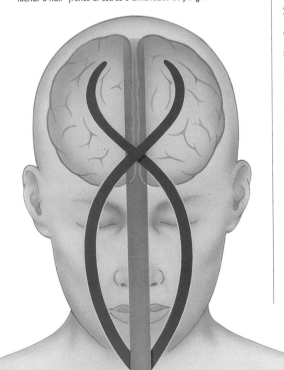

Los beneficios
de la meditación

Ser capaz de controlar la mente, en lugar de que sea la mente la que lo controle a usted, aportará paz y armonía a su vida. Las personas que meditan de forma regular tienen menos ansiedad, están más tranquilas y despiertas mentalmente y, además, gestionan su tiempo y energía de una manera más eficiente. Las investigaciones realizadas sugieren que la meditación aporta los siguientes beneficios:

- Relaja el cuerpo.
- Mejora las pautas del sueño.
- Reduce la presión arterial y el ritmo cardíaco.
- Reduce el nivel de hormonas del estrés en la sangre.
- Mejora la circulación sanguínea.

Cómo meditar

Le ayudará consultar a un profesor para que le diga cómo conseguir un estado meditativo, pero también lo puede aprender por su cuenta si tiene la suficiente disciplina. No existe una sola manera "correcta" o específica para meditar, pero, para tener éxito en su práctica de meditación, hay unos requisitos básicos que debería seguir.

- Un lugar donde no vaya a ser interrumpido.
- Practicar con regularidad, preferiblemente unos 15 minutos al día y siempre a la misma hora. La meditación en la mañana le ayudará a sentirse tranquilo y relajado para el resto del día. Por la noche, la meditación le prepara para aprovechar mejor el descanso.
- Tener el estómago vacío.
- Una postura cómoda. (En general, las posturas sentadas le ayudan a no dormirse mientras medita.)
- Un objeto de concentración para su mente, para impedir que ésta sea arrastrada por las distracciones del ambiente.

Algunos elementos, como una vela, una imagen o una planta, pueden convertirse en objetos de meditación.

Centrar la atención de la mente

Al principio, le puede resultar difícil concentrarse, pero se mejora con la práctica. También es posible que se sienta soñoliento al comenzar, pero, a medida que medite durante períodos más largos, verá cómo se siente más despierto cada vez. Si nota que se distrae, reconduzca su atención al objeto de meditación. A continuación, algunos de los métodos de meditación más practicados.

Utilizar un objeto para meditar, como por ejemplo una flor, puede ayudarle a mantener la mente concentrada y su atención vigilante.

Objeto de meditación

Concentrarse en un objeto, sentir su presencia y fijarse en su textura, forma y otras cualidades puede ayudarle a alcanzar un estado meditativo. Un cristal, la llama de una vela, una flor, un mandala (una imagen con un foco de atención) son objetos apropiados.

Cantar un mantra o una frase, como el mantra sagrado "OM", puede ayudarle a mantener la concentración y a meditar de forma satisfactoria.

Meditación mantra

Un mantra es una palabra o frase que se repite continuamente, bien sea mentalmente o en voz alta. El mantra hindú "OM" se considera sagrado y se utiliza con mucha frecuencia, aunque cualquier palabra puede ser usada como mantra.

Tacto

Pasar las cuentas de un "rosario" o las de un ábaco de forma rítmica, o frotar un trozo de tela, puede inducir al estado de meditación.

Concentración en la respiración

Concéntrese en su respiración para conseguir el estado de meditación. Cuente "uno" a cada espiración.

Meditación activa

Un ejercicio rítmico, como el tai chi chuan, nadar o caminar, pueden centrar la atención de su mente y le aportan más energía que practicar sentado.

Ejercicio: meditación rápida y fácil

1
Siéntese cómodamente con la columna bien recta. Mire hacia abajo, pero no se concentre en nada.

2
Deje caer los párpados hasta un nivel que le resulte cómodo, sin cerrar los ojos completamente.

3
Continúe mirando hacia abajo. Notará que su respiración es más lenta y profunda.

4
Pasados unos dos minutos, abra los ojos y enfoque normalmente. Debería sentirse tranquilo y relajado.

Precaución

Si tiene en su historial médico alguna afección psíquica, consulte a su médico antes de comenzar un programa de meditación. A largo plazo, la meditación puede provocar depresión y ensimismamiento.

Visualización

La visualización es una técnica que pone riendas a la imaginación para lidiar con el estrés y la enfermedad; asimismo mejora la motivación y cambia las actitudes negativas. La visualización constituye una parte importante de muchas terapias de relajación y es utilizada por los atletas. Imaginando sitios, sonidos, gustos u olores, usted puede pensar de forma positiva y restablecer la salud o mantenerla en buen estado.

Autoayuda

Consulte a un profesional para aprender a visualizar o aprenda la técnica por su cuenta. Al principio, necesitará practicar durante unos 15 o 20 minutos diarios, bien a primera hora de la mañana, o bien a última hora del día. A medida que vaya adquiriendo práctica, será capaz de completar un ejercicio de visualización en pocos minutos y realizarlo cuando quiera o necesite.

Escoja un lugar tranquilo y confortable donde no vaya a ser molestado. Respire lentamente y trate de relajar su cuerpo. Luego, centre la atención en una imagen determinada. También le ayudará repetir afirmaciones positivas mientras hace el ejercicio, como, por ejemplo, "me siento relajado" o "tengo perfecto control sobre mi mente". Usted puede realizar la visualización en momentos de estrés y así controlar mejor una situación difícil o desafiante.

Para ayudarle a relajarse, visualice una escena real o imaginaria de gran paz y belleza, como un jardín, una playa o una habitación apacibles. Trate de sentir y percibir los sonidos, los olores y las imágenes de la escena y absorba la atmósfera hasta sentirse relajado.

Visualizar una escena tranquila y serena, como la de una playa desierta, es una manera muy efectiva de utilizar la imaginación para que le ayude a relajarse y a superar el estrés y la ansiedad.

Miedo a ciertas situaciones

La mayoría de las personas ha experimentado nervios o pánico ante ciertos acontecimientos importantes: la visualización puede ayudarle a sentirse más controlado. Algunos días antes del acontecimiento en cuestión, anticípese y visualícese de forma positiva. Así, por ejemplo, visualice lo bien que responde en la entrevista de trabajo, o cómo le aplaude el público al finalizar su conferencia.

La visualización también puede servirle para superar el estrés. Piense en una imagen asociada a tensión (un rayo, por ejemplo) y reemplácela por algo apacible (un arco iris).

Con el objetivo de alcanzar un estado de calma interior, visualice escenas de gran tensión, como la de esta tormenta, y remplácelas por otras imágenes más tranquilas, como la de un arco iris.

Visualización de colores

Los colores pueden tener un profundo efecto en su estado de ánimo, vitalidad y bienestar. El color amarillo y el rojo son estimulantes; el azul y el verde, tranquilizantes. Los terapeutas del color utilizan colores diferentes para mejorar la salud física, emocional y espiritual de sus pacientes, generalmente aplicando luces de distinta tonalidad sobre sus cuerpos. El siguiente ejercicio es una visualización de colores para tranquilizar y relajar.

1

Siéntese cómodamente con los ojos cerrados.

2

Imagine una gran bola de luz dorada justo por encima de su cabeza. Visualice la bola de luz que desciende poco a poco a través de su cabeza e inunda todo su cuerpo. Imagine que esa luz limpia y sana su espíritu.

3

Repita, visualizando esta vez una bola de luz roja. Continúe lentamente con todos los colores del espectro —naranja, amarillo, verde, azul, lila y violeta— hasta que se sienta completamente relajado.

El sonido de olas rompientes puede ser sedante y puede contribuir a aliviar el estrés y potenciar la calma interior.

Música y sonidos

Desde la antigüedad se sabe que la música y los sonidos tienen un gran potencial terapéutico. Las ondas sonoras vibran a distintas frecuencias y actúan a nivel físico y emocional, afectando al estado de ánimo, a la respiración e incluso originando la producción de endorfinas. Sea usted capaz o no de afinar cuando canta, el mero acto de cantar libera tensión y le motiva a respirar con mayor profundidad y ritmo. Hacer música o responder a ella tiene el efecto de conectar a la persona con su fuero interno, lo que potencia que ésta exprese sus emociones más profundas. La música tranquila y suave le calmará, mientras que la música estridente le excitará.

Una cinta magnetofónica de relajación

Que usted mismo se confeccione una cinta de relajación es mucho más efectivo que si la compra. Escoja una música relajante y delicada que dure unos 10 minutos y que pueda asociar a algún recuerdo placentero. Si lo desea, puede añadir algunos sonidos de la naturaleza (como por ejemplo el canto de unos pájaros, la brisa entre las hojas de los árboles o el sonido del mar).

Escoja una habitación tranquila, cierre los ojos y ponga la cinta. Trate de acompasar el ritmo de su respiración al de la música y visualice mientras tanto imágenes placenteras. Escuche la cinta al menos una vez al día y enseguida será capaz de recordar la música para calmarse en momentos de estrés.

Libere endorfinas curativas mientras escucha su música favorita o sonidos de la naturaleza.

Tacto terapéutico

Una de las mejores maneras de aliviar el estrés es mediante el tacto. Sin embargo, el contacto físico no tiene que ser necesariamente de tipo sexual. Acariciar a un gato o abrazar a alguien puede ser igualmente efectivo. Para una recuperación rápida del estrés, siéntese en silencio durante unos minutos con el dedo índice tocando el dedo pulgar de la misma mano. El masaje es otra posibilidad que ha demostrado ser eficaz para combatir el estrés (véase págs. 16-17).

Sentido del olfato

Distintos olores pueden levantarle el ánimo y hacerle sentir mucho mejor. Las moléculas aromáticas viajan a través de las vías olfativas en dirección al sistema límbico, que es la parte del cerebro que controla la memoria, el instinto y las funciones vitales. Por este motivo, algunos olores son muy evocadores y pueden desencadenar vívidas escenas de recuerdos casi olvidados. La fragancia de los aceites de aromaterapia se utiliza de muy distintas maneras para ayudar a la relajación (véase págs. 56-57).

Asimismo, puede utilizar el recuerdo de un olor y su poder asociativo para que le ayude a calmarse y a relajarse en situaciones de estrés. Piense en sus olores favoritos –la piel de un recién nacido, el café recién molido, las naranjas, el olor del beicon recién frito, el aroma de las flores, la hierba recién cortada, etcétera– y en cuestión de pocos minutos se sentirá, sin duda, más feliz, despreocupado y relajado.

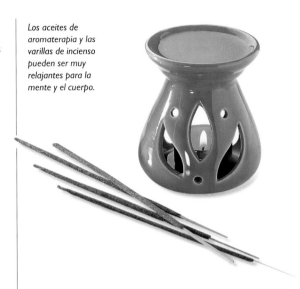

Los aceites de aromaterapia y las varillas de incienso pueden ser muy relajantes para la mente y el cuerpo.

Relajación creativa

Las actividades creativas, como pintar, dibujar o esculpir, son excelentes válvulas de escape para sus emociones y pueden ser muy relajantes. El talento no es un problema, ya que no se persigue realizar una obra de arte. El mero hecho de realizar una actividad creativa es en sí mismo relajante. Tome conciencia de las diferentes texturas y aromas del medio artístico que esté utilizando –pintura, lápices de colores, tizas, yeso o arcilla– y disfrute de la experiencia.

Visitar una galería de arte también puede ser muy relajante, sobre todo si encuentra alguna pintura o imagen que tenga un sentido especial para usted. Vaya a la exposición a una hora tranquila para evitar las multitudes; elija un sitio para poder sentarse y contemplar la obra sin ser molestado.

Más técnicas para el control mental

Existen algunas técnicas más para el control mental que usted puede aprender para invertir las repuestas de su cuerpo frente al estrés, como por ejemplo: la hipnoterapia, el entrenamiento autogénico y el biofeedback. Todas ellas le ayudarán a relajarse y a tomar el control de su vida.

Hipnoterapia

Un trance hipnótico es un estado de conciencia, similar al sonambulismo, que puede ser utilizado para cambiar los patrones de conducta e impulsar el pensamiento positivo. Mientras se está hipnotizado, la persona está muy relajada y receptiva a las sugerencias que se le hagan. Una de las teorías para explicar este hecho es que bajo hipnosis la parte racional y consciente del cerebro es ignorada (el hemisferio izquierdo), mientras toma protagonismo la parte del cerebro no analítica, la del subconsciente (el hemisferio derecho). Durante la hipnosis, el terapeuta puede "alimentar" a su subconsciente con sugerencias para que supere ciertos problemas específicos, como la adicción a la nicotina o la falta de seguridad en sí mismo. También puede ser que el terapeuta pregunte a la persona hipnotizada sobre experiencias pasadas con el fin de analizar cierto problema. Un hipnoterapeuta puede llevarle a un estado de relajación profunda, que usted podrá recrear cuando se enfrente a situaciones de gran estrés.

Autohipnosis

La mayoría de la gente puede aprender a hipnotizarse a sí misma. Elija un lugar tranquilo y siéntese en silencio o túmbese. Relájese y respire despacio y profundamente. Cierre los ojos e imagínese a usted mismo bajando por un sendero del campo o una escalera y cuente de diez a cero a medida que lo hace. Repita afirmaciones positivas, o bien escuche alguna cinta magnetofónica previamente grabada por usted mismo. Salga del estado hipnótico recorriendo a la inversa el camino utilizado para entrar en él.

Para relajarse completamente y entrar en un estado de hipnosis, la mente ha de imaginar un lugar silencioso y tranquilo, como un sendero en el campo o un cielo apacible.

Precaución

La hipnoterapia y el entrenamiento autogénico pueden ser perjudiciales para aquellas personas que sufran trastornos psíquicos graves, como por ejemplo depresión grave, psicosis o epilepsia. Consulte siempre a un profesional reputado y cualificado.

Entrenamiento autogénico

Autogénico significa "generado desde dentro" y describe la manera en que la mente puede influir sobre el cuerpo: entrenando el sistema nervioso autónomo –la parte del cerebro que gobierna las funciones automáticas del organismo– para que se relaje. El entrenamiento autogénico (EA) consiste en seis ejercicios mentales, que se hacen en silencio y que le permiten suprimir a voluntad las respuestas del estrés que tenga su cuerpo. Con la práctica, usted alcanzará un estado de conciencia alterada conocido como "concentración pasiva", un estado de atención similar a la meditación con el que usted conseguirá relajarse sin trabajar activamente para ello.

El entrenamiento autogénico parece funcionar mejor si se realiza en forma de secuencia de frases hechas, tales como "mi brazo derecho es muy pesado, mi brazo izquierdo es muy pesado, mis dos brazos son muy pesados". Cada ejercicio está diseñado para relajar diferentes áreas del cuerpo. Una vez aprendida, esta técnica puede ser practicada en casa. El EA requiere una práctica regular para mantener la técnica y asegurar su efectividad.

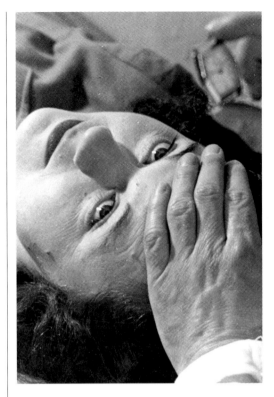

En estado de hipnosis, la mente está muy relajada y proclive a la sugestión, ofreciendo al hipnoterapeuta la oportunidad de sustituir los pensamientos negativos por positivos.

Biofeedback

Consiste en un seguimiento y control de las funciones biológicas del inconsciente a través de instrumentos electrónicos. El biofeedback también puede ayudarle a conocer sus repuestas frente al estrés. A través de un monitor se pueden ver gráficamente las respuestas físicas de su cuerpo gracias a las señales que éste envía a través de unos sensores y electrodos previamente fijados en el mismo y conectados a los aparatos de "biofeedback". Mientras esto sucede, usted realiza ejercicios de relajación para regular las funciones de su organismo hasta que consigue relajarse.

El sentido de uno mismo

Qué piensa y siente de sí mismo es la clave para empezar a relajarse y a superar el estrés. Cualquier cosa que haga para mejorar y hacer más positivo el concepto que tenga sobre su propia persona redundará en una mejor salud física. Es preciso que confíe en sí mismo y en sus objetivos. Esto también le ayudará a sobrellevar positivamente su vida y sus relaciones con los demás.

Mejorar la autoestima

Solemos minimizar nuestras habilidades y logros con demasiada facilidad. De hecho, la mayoría de nosotros efectuamos declaraciones negativas sobre nosotros mismos sin siquiera darnos cuenta de ello. Sin embargo, tenga en cuenta que, si usted se valora a sí mismo y sus capacidades, los demás también lo harán.

El farmacéutico francés Emile Coué fue el pionero de la autosugestión. Se trata de una técnica muy sencilla que puede cambiar la autoimagen de la persona y su relación con los demás. La autosugestión consiste en la repetición de unas frases sencillas, enunciadas con los verbos en tiempo presente, como por ejemplo: "Cada día y en cada momento, me siento mejor y mejor". La autosugestión es más efectiva si se utilizan frases planificadas de antemano y memorizadas como parte de una meditación o visualización.

Mejore su autoestima afirmando su mejores características y repitiéndose a sí mismo declaraciones positivas.

Propóngase objetivos alcanzables para las distintas áreas de su vida y planifique los pasos o fases que debe superar para verlos cumplidos.

Proponerse metas

Los cambios son inevitables y deseables, pero pueden crisparnos al sentirnos impelidos a lo desconocido. Contemplar los cambios positivos a largo plazo le puede ayudar a encontrar e identificar algunos de los objetivos alcanzados a corto plazo. Lo primero que debe hacer es decidir cuáles son los objetivos que desea alcanzar en las distintas áreas de su vida –por ejemplo, en sus relaciones personales, en el trabajo, respecto a cuestiones económicas, salud, estilo de vida– y el plazo en el que quiere ver estos deseos cumplidos. No tiene que ser una proposición muy realista, pero tampoco pretenda cambiar todo de golpe. Escriba estos objetivos y piense en por lo menos tres de los pasos o fases que necesita superar para alcanzarlos. Tras culminar cada paso o fase, dese un premio. Si algún objetivo en particular parece imposible de alcanzar, quizás deba otorgarle más fases de realización o quizás está siendo poco realista y necesita modificar su planteamiento.

Dejarse llevar

Para relajarse es necesario que acepte que usted sólo tiene control sobre sus propias acciones. Luchar por controlar el mundo a nuestro alrededor es muy cansado y a menudo poco gratificante. En cambio, si usted acepta que la vida está llena de obstáculos, resulta más fácil hacerle frente.

La risa

Además de ser divertido, reír es un buen ejercicio para el corazón y los pulmones. Asimismo, según ciertas investigaciones, reír también contribuye a reducir la presión arterial, relaja los músculos, alivia el dolor, reduce las hormonas del estrés y dispara el sistema inmunológico, aumentando la producción de células destructoras de enfermedades. La risa es un detonante para la liberación de endorfinas, los analgésicos naturales del cuerpo, y produce una sensación general de bienestar.

Vivir el momento

Los niños pequeños tienen una gran facilidad para disfrutar de cada momento, porque no cargan con el fardo del pasado ni han aprendido todavía a temer el futuro. En cambio, en la edad adulta, estamos tan condicionados a pensar cien cosas a la vez que, a menudo, nos resulta difícil liberarnos de ellas y vivir

Realizar las tareas de cada día, como fregar los platos, puede ayudarle a conseguir la atención vigilante. Concéntrese plenamente en la tarea que tenga entre manos.

simplemente el "aquí y ahora". Muchos filósofos orientales han incorporado la idea de la "atención vigilante": estar muy atento al presente manteniendo la mente completamente absorbida en la tarea que se esté haciendo en ese preciso momento.

La atención vigilante es una técnica que puede aprenderse, aunque se necesita un tiempo de práctica para aprender a detener las divagaciones de la mente. La próxima vez que tenga que realizar alguna tarea que le desagrade (como, por ejemplo, planchar), en lugar de pensar en las musarañas, concéntrese por completo en el trabajo que esté realizando. Centre su atención en el movimiento rítmico de su quehacer. Cuando se involucre totalmente en el momento presente, incluso la tarea más nimia podrá servirle para concentrar su mente, ayudándole a sentirse tranquilo y centrado.

Cambios positivos

Los sentimientos negativos agotan su energía e instalan ciclos de decepción, preocupación y lamento que se perpetúan. El pensamiento positivo le da esperanzas y, una vez que lo ponga en marcha, comprobará que se siente mejor en muchos aspectos de su vida.

Con la práctica, usted puede cambiar los pensamientos negativos por pensamientos positivos. Piense en alguna actividad que le resulte estresante, como por ejemplo ir a trabajar cada día. Empiece por concentrarse en la parte peor de tal asunto, en este caso la pérdida de tiempo o el cansancio tras una larga jornada laboral. Dígale a tales pensamientos que se vayan. Conscientemente, cambie los pensamientos negativos por positivos, piense que ese tiempo lo dedica a leer, meditar o escuchar música.

Con la práctica, pensar de forma positiva puede parecerle algo completamente natural.

Siéntase afortunado

La competitividad y el esfuerzo por triunfar y poseer más cosas son causas de gran parte del estrés de nuestra sociedad, y fácilmente nos hacen olvidar lo que de verdad importa en la vida. Tómese unos minutos cada día para pensar con detalle sobre todo lo bueno que ya tiene. Puede ser cualquier cosa: buenas relaciones personales, habilidades especiales, buena salud o hijos felices. Olvídese de competir para conseguir más cosas y siéntase en paz consigo mismo.

Liberarse del miedo

Nadie puede estar seguro de lo que el futuro le depara, y muchas veces el miedo que esto genera nos impide disfrutar plenamente del presente. En lugar de estar siempre pensando ¿qué pasará si....? (si pierdo mi trabajo, si enfermo, si no puedo pagar la hipoteca, etc.), deje de preocuparse y disfrute de lo que ya tiene. Los ejercicios de visualización, que le permiten crear una imagen del futuro que desea, son especialmente útiles para cambiar su actitud de temor frente al futuro por otra de optimismo, pero, insistimos, ha de pensar en algo que sea realizable y no en una mera fantasía.

Por otro lado, dedicar un tiempo cada día a pensar sobre sus preocupaciones puede resultarle de utilidad. Asígnese un tiempo determinado para ello y, cuando lo agote, aparque a un lado sus preocupaciones.

Relaciones

Mantener buenas relaciones con su familia le proporciona un soporte emocional y le hace sentir más positivo, reduciendo los niveles de estrés y fomentando la calma. Todas las relaciones necesitan cuidados, de forma que todos nos sintamos valorados y queridos.

Mejorar sus relaciones

Aprenda a escuchar lo que otros tienen que decirle y a cambio verá cómo le responden. Practique la amabilidad, la tolerancia, el perdón y la confianza. Confíe en sus amigos y familiares y cuénteles cómo se siente.

Amigos

Para mucha gente de Occidente, los amigos –y no los familiares– son los que proporcionan el soporte emocional. Pero ni los amigos ni la familia son relaciones que uno puede dar por

Mientras comparte el tiempo con su pareja, encender alguna vela aromática puede ser una perfecta manera de crear una atmósfera íntima.

sentadas. Así pues, es importante que dedique un tiempo a mostrar a sus amigos el aprecio que siente por ellos y lo mucho que significan para usted.

Parejas

Las relaciones de pareja entre adultos proporcionan seguridad y plenitud. Y, para que estas relaciones no tengan estrés, es necesario que exista comunicación emocional y física. Para sacar el mayor partido de una relación de pareja, es preciso encontrar el tiempo necesario para estar juntos. Para conseguir mayor intimidad en una relación de pareja, tenga en cuenta las recomendaciones siguientes:

- Cree el ambiente adecuado: encienda unas velas y ponga una música relajante.
- Utilice un aceite esencial afrodisíaco, como el ilang ilang o el jazmín, y aplique a su pareja un suave y sensual masaje.
- Añada un aceite esencial al baño caliente o, en su dormitorio, a un vaporizador de aceites para conseguir un ambiente sensual.
- Tómese un baño relajante con su pareja.
- Hable de las buenas cosas de su vida y de sus planes para el futuro.

Tómese un tiempo para disfrutar de sus hijos. Juegue con ellos y comprobará cómo su entusiasmo y vitalidad son contagiosos.

Discusiones

Las relaciones son mucho más abiertas y plenas si cada cual es sincero con los problemas y necesidades del otro. Sin embargo, es imprescindible tener cierto tacto con el fin de evitar palabras y acciones que puedan herir.

- Establezca un tiempo concreto para la discusión, pero modifíquelo si alguno de los dos está cansado, estresado o ha bebido demasiado.
- Piense con antelación y detenimiento lo que desea tratar en la discusión y elabore una lista de los puntos que desea discutir.
- Intente ser positivo, en lugar de centrarse en los aspectos negativos de la situación.
- No discuta en el dormitorio, especialmente si va a dormir, y evite utilizar la habitación en la que suele relajarse, quizás prefiera salir a dar una vuelta fuera de casa.
- Una vez que hayan llegado a un entendimiento o conclusión, reafirme su amor con el otro.

Hijos

Los hijos conllevan un desgaste físico, emocional y económico. No obstante, también son una fuente inagotable de placer y amor incondicional, y no olvidemos que enseguida dejan de ser niños.

Duelo

La muerte de un ser querido es una fuente de profundo estrés. El dolor aumenta su susceptibilidad a las enfermedades y disminuye su capacidad para enfrentarse a los problemas. La aflicción es un proceso que tiene varios estadios: el shock, la negación, la rabia y, finalmente, la aceptación. Expresar sus emociones evitará que el dolor le embargue por completo.

Cuando esté de duelo, no inhiba sus emociones, esto sólo prolongará el dolor y puede desembocar en problemas de salud mental.

Introducción

Tan sólo unos pequeños reajustes en su estilo de vida y ambiente pueden aportarle grandes beneficios a su salud y vitalidad. Realizar estos cambios es parte del proceso de cuidarse más y mejor. Al organizar de forma más efectiva su trabajo y tiempo ocio, sentirá que está por encima de sus problemas y que controla su vida.

A pesar de que relajar nuestras mentes nos enseña a apreciar el presente y no preocuparnos excesivamente por el futuro, eso no impide que realicemos previsiones para mañana. Es bastante frecuente no planificar nuestra vida a corto o medio plazo; sin embargo, una cierta planificación para el día o semana siguientes podrían ser decisivos para orientarnos hacia un estilo de vida más saludable, tanto física como mentalmente. Uno de los cambios fundamentales que pueden contribuir a su bienestar es la dieta. Registrar todo lo que consumimos durante unos días puede ser muy revelador; una dieta equilibrada es un objetivo prioritario. Al principio, los cambios pueden parecer extraños, pero muy pronto notará los beneficios que le aportan, y las modificaciones dejarán de parecerle sacrificios.

La cantidad de ejercicio físico que hace la gente del mundo desarrollado está muy por debajo de lo que se considera saludable para una persona adulta, lo que contrasta con la facilidad con la que se puede incorporar el ejercicio a la vida cotidiana.

Mientras que algunas personas deciden hacer ejercicio físico por la mañana o por la noche, otras optan por caminar más cada día, por ejemplo, ir al trabajo andando.

Dado que el trabajo suele ser una de las causas más comunes de estrés en nuestras vidas, no es de sorprender que también sea una de las áreas más fructíferas donde aplicar los cambios, desde el momento que suena el despertador hasta que vuelve a casa por la noche. Paradójicamente, planificar ciertos descansos durante el trabajo y saber cómo desconectar del mismo al final del día puede aumentar su productividad diaria a largo plazo.

Si utiliza su casa como lugar de relajación, es lógico que intente que sea lo más tranquila posible, sobre todo si usted pasa en ella muchas horas al día.

Nuestra vida diaria y el mundo que nos rodea pueden parecernos fuentes de estrés. Sin embargo, si planificamos, pensamos positivamente y tenemos una actitud optimista, podemos hacer de cada aspecto y situación una fuente de paz, placer y tranquilidad.

Intente no ser un esclavo del reloj y permítase aminorar la marcha y disfrutar de todas las cosas buenas que le ofrece el día.

Cambie su estilo de vida y realice 10 minutos de estiramientos de yoga o del método Pilates. De este modo mejorará su salud y forma física y tendrá más energía para el día siguiente.

La dieta

"Uno es lo que come" es uno de aquellos molestos tópicos que resultan ser ciertos. Si se atiborra de comida basura o bebe demasiado alcohol, se sentirá cansado, abotargado y perezoso. Con una dieta bien equilibrada, que incluya mucha fruta y vegetales, se sentirá más despierto y lleno de una creciente fuerza y vitalidad.

Una dieta equilibrada

Comer alimentos adecuados y equilibrados puede marcar la diferencia en su salud y vitalidad. Su cuerpo necesita una dieta constituida aproximadamente por un 50% de carbohidratos, un 30% de grasas, un 15% de proteínas, y mucha fibra, vitaminas, minerales y agua.

Carbohidratos

Los carbohidratos constituyen la fuente básica de energía para el cuerpo. Los carbohidratos simples, como los azúcares, aportan una energía instantánea, pero no tienen valor nutritivo. En cambio, los carbohidratos complejos, como el pan, la pasta, el arroz, las patatas, los cereales o las legumbres, son mejores, porque su energía se va liberando poco a poco.

Los alimentos que contienen carbohidratos complejos también tienen fibra, minerales y vitaminas esenciales.

Grasas

Las grasas son esenciales para crecer y para realizar una buena digestión, pero en demasiada cantidad pueden producir obesidad y otros problemas graves de salud.

Los alimentos que tienen grandes cantidades de grasa y proteínas, como la leche, el queso, el chocolate o el beicon, es mejor tomarlos en pequeñas cantidades.

Proteínas

El cuerpo necesita un aporte diario de proteínas para el crecimiento, mantenimiento y reparación celular. La mayoría de occidentales tomamos más proteínas de las que necesitamos, las cuales suelen ser transformadas en grasas.

Las legumbres, el arroz y los frutos secos contienen mucha fibra, carbohidratos y proteínas y constituyen la parte más importante de una dieta.

Fibra

La fibra, que se encuentra en los frutos secos, legumbres, arroz, cereales —sobre todo integrales— previene el estreñimiento, reduce el nivel de colesterol de la sangre y previene trastornos como el del síndrome del intestino irritable.

Vitaminas y minerales

Aunque sólo se necesitan en pequeñas cantidades, las vitaminas y los minerales son esenciales para mantener una buena salud.

Alimentos para la relajación

Se sabe que los alimentos que contienen calcio, magnesio y vitamina B6 tienen efectos sedantes. Las verduras de hojas verde, la leche y los productos lácteos, los albaricoques, los plátanos, los frutos secos y la levadura son algunos de los alimentos que pueden calmarle. La carne, la leche y los huevos contienen triptófano, un aminoácido esencial que en el cerebro se transforma en serotonina, una sustancia que levanta el ánimo y regula el sueño.

Qué comer

La dieta más sana es aquella en la que abundan la fruta, los vegetales, los cereales, las legumbres y, en cambio, tiene pocos productos animales y lácteos. Las guías nutricionales se basan en los hábitos alimenticios de los pueblos mediterráneos, cuya historia revela una elevada esperanza de vida y una baja tasa de enfermedades cardíacas.

- Los carbohidratos complejos deben conformar la mitad de su dieta diaria.
- Coma cada día cinco porciones de fruta o de vegetales, preferiblemente crudos.
- Intente comer productos lácteos descremados.
- Coma pescado azul al menos una vez a la semana.
- Limite el consumo de carne roja y de queso.
- Coma alimentos ricos en fibra.
- Reduzca la ingestión de sal, utilícela sólo para cocinar.
- Limite la ingestión de azúcar, intente no ponerse mucho en el café o en las infusiones.
- Coma alimentos frescos siempre que pueda y evite los alimentos demasiado elaborados.
- Beba alcohol con moderación e intente no ingerir alcohol al menos dos días a la semana.
- Beba el líquido suficiente para mantener su orina clara; unos dos litros de agua diarios son necesarios para eliminar las toxinas. Un vaso de agua cada dos horas le hará sentirse mucho más despierto.
- Limite el consumo de té, café, bebidas de cola y chocolate.

Cuándo comer

Una alimentación óptima significa comer
lo apropiado a su debido tiempo. Una buena
salud depende de comer con regularidad.
El desayuno despierta el metabolismo y dispara
los niveles de azúcar en sangre; si usted se lo
salta, puede sentirse cansada e incapaz de
concentrarse. La comida del mediodía ha de
ser la más copiosa del día, porque es cuando
nuestro metabolismo es más eficiente. Y para
cenar, algo ligero, al menos dos horas antes de
acostarse, ya que al cuerpo le cuesta digerir
una gran cantidad de comida al final del día.

Cómo comer

Una comida sin prisas es mucho más agradable,
e infinitamente más relajante, que un tentempié
tomado de cualquier manera. La próxima vez
que coma, siéntese y saboree cada bocado.
Experimente los distintos sabores de la comida
y observe cómo éstos se complementan entre
sí. Si bebe un vaso de vino, degústelo antes de
tragárselo y disfrute de su aroma
y sabor. Mientras mastica,
perciba las distintas
texturas de los alimentos.
Si se toma un tiempo para
apreciar la comida, es
menos probable que coma
en exceso y, en cambio,
masticará mejor, aspectos
ambos que beneficiarán su
digestión.

Los problemas con los estimulantes

Los estimulantes, como el té, el café, el
chocolate o el azúcar, son sustancias químicas
que actúan en nuestro cuerpo como si le
inyectáramos gasolina a presión, disparando
una producción de energía que enseguida se
agota. Estos estimulantes elevan rápidamente
los niveles de energía estimulando las glándulas
suprarrenales, situadas sobre los riñones, para
que liberen hormonas que ponen la glucosa
directamente a disposición de las células del
cuerpo. La persona queda pronto enredada en
un círculo vicioso en el que cada vez necesita
más estimulantes para obtener el mismo
efecto, hasta que acaba por hacerse
dependiente de los mismos. Los estimulantes
también contienen toxinas, y se sabe que el
cuerpo tiene una capacidad determinada para
deshacerse de ellas. A medida que la química de
su cuerpo se va agotando, su organismo se
pone en alerta constante y usted queda
expuesto a la ansiedad, la fatiga
y los cambios de humor.

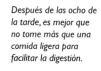

*Después de las ocho de
la tarde, es mejor que
no tome más que una
comida ligera para
facilitar la digestión.*

el día. Los primeros días es posible que se sienta algo inseguro y tenga algunos dolores de cabeza (en particular, si es usted adicto al café), pero persevere y enseguida se encontrará mejor y más saludable. La dependencia a la nicotina y al alcohol es difícil de superar y piense que puede necesitar asesoramiento profesional o terapia de grupo.

Reducir la dependencia de estimulantes como el café, el té, el chocolate o el azúcar le harán sentirse más tranquilo y sano.

Reducir la dependencia de estimulantes

Reducir la ingestión de estimulantes es clave para poderse relajar. Anote en un diario todos los estimulantes que toma durante tres días y sea sincero sobre la cantidad que ingiere de cada uno. Intente identificar en qué momento del día los toma (como respuesta a una situación de estrés o como tentempié, por ejemplo) y observe si encuentra algún patrón que se repite. Trate de sustituir estos patrones de comportamiento por otros más saludables, como, por ejemplo, comer una pieza de fruta en lugar de una tableta de chocolate.

Para la mayoría de la gente, suprimir totalmente los estimulantes es casi imposible. La manera de reducir su dependencia es ponerse como objetivo irlos suprimiendo progresivamente, y de uno en uno, hasta que ya no necesite tomarlos en todo

Un frutero

Compre un frutero bien grande y manténgalo lleno de frutas frescas y apetitosas, como plátanos, manzanas y naranjas. La próxima vez que quiera un tentempié, evite las galletas y diríjase al frutero a por una pieza de fruta.

La importancia del ejercicio

Hacer ejercicio es una de las cosas que olvidamos cuando estamos estresados. Sin embargo, las investigaciones demuestran que el ejercicio es una enorme ayuda para la relajación. El ejercicio libera la mente y el cuerpo: puede mejorar el estado de ánimo, aumenta la autoestima, reduce la ansiedad, favorece el sueño, alivia la hipertensión y le ayuda a perder peso.

Cómo ayuda el ejercicio físico en la relajación

1. El ejercicio físico estimula el apetito. Aquellos que hacen ejercicio de forma regular tienden a comer bien. Y una buena nutrición ayuda a que su cuerpo lidie mejor con el estrés.

2. El ejercicio físico activa la producción de los analgésicos naturales del cuerpo, las endorfinas, que reducen la ansiedad, relajan y levantan el ánimo.

3. El ejercicio físico elimina la adrenalina que su cuerpo ha acumulado por el estrés.

4. Los movimientos musculares hacen que los sistemas corporales trabajen de forma más eficiente y eliminen toxinas.

5. La actividad física le hace sentirse más seguro de sí mismo.

6. Al hacer ejercicio físico, usted se está dedicando un tiempo a sí mismo, y le distrae de la presiones diarias, lo que a su vez reduce el estrés. El ejercicio repetitivo, como caminar, correr o nadar, es una oportunidad de oro para la reflexión, la meditación y la relajación mental.

7. El ejercicio físico regular le hará sentirse cansado y dormirá mejor (aunque un ejercicio físico demasiado intenso justo antes de irse a la cama puede estimularle en exceso).

8. El ejercicio físico favorece la respiración profunda, que es la clave para la relajación. Asimismo, la respiración profunda aportará más oxígeno al cerebro, lo que por su parte desarrollará la resistencia mental.

Practicar yoga es una estupenda manera de mejorar la salud física y reducir el estrés de forma significativa.

Comenzar

Es importante que escoja una actividad que le divierta, porque así es más fácil que no la abandone. Encuentre una actividad que se ajuste a su personalidad y piense en el ejercicio físico como un divertimiento y una manera de relajarse, en lugar de como una obligación.

Si puede seguir un programa regular durante, por lo menos, seis meses, tiene un buen número de posibilidades de que lo continúe por mucho más tiempo. Considere sus limitaciones físicas y no fuerce demasiado su cuerpo. Vaya poco a poco, sobre todo si hace tiempo que no realiza ejercicio físico alguno.

Mejorar la forma física general

No es necesario que invierta mucho tiempo, o que se apunte a un gimnasio o gaste mucho dinero. Invertir tan sólo 10 minutos al día en caminar, bailar, trabajar en el jardín, nadar o ir en bicicleta pueden marcar la diferencia en su forma física, reducir en gran medida su estrés y hacerle sentir lleno de vitalidad, sano y feliz.

Puede escoger diversas formas de ejercicio físico que son fácilmente incorporables a su día a día: ir al trabajo caminando o en bicicleta, subir las escaleras a pie en lugar de coger el ascensor, bajarse del autobús dos paradas antes para caminar el resto del trayecto, sacar a pasear al perro de forma regular, llevar a los niños al parque los fines de semana y pasear con ellos, o simplemente poner música en la cocina y bailar.

Precaución

Es muy importante que consulte con su médico antes de comenzar un programa intensivo de ejercicio físico si presenta alguna de estas situaciones: un estilo de vida muy sedentario, está embarazada, su edad supera los 45 años, tiene la presión alta, presenta un nivel de colesterol excesivamente elevado, es fumador o tiene un sobrepeso considerable.

Ir en bicicleta es una estupenda manera de tomar aire fresco y mejorar su salud cardiovascular.

El mundo del trabajo

La mayoría de nosotros pasamos casi todo el día en el trabajo, y las investigaciones indican que esta tendencia aumenta de forma progresiva. Es posible que usted no pueda cambiar este hecho, ni tampoco su ambiente laboral, pero sí puede establecer un orden de prioridades y seguir ciertas rutinas que le permitan sacar el mayor partido a su tiempo.

Cómo organizar el día

Si usted es una de esas personas que tras salir de casa en estampida han de volver por haber olvidado algo o bien de las que revolotean nerviosas en su trabajo hasta llegar a casa exhaustas, usted necesita organizarse y recuperar el control.

Intente las siguientes recomendaciones para tomar el control de la jornada y reducir el estrés.

- Prepare por la noche cuanto le sea posible para el día siguiente: la ropa que se va a poner o la mesa para el desayuno, por ejemplo.

- Levántese 10 minutos más temprano de lo normal para tener un tiempo extra que le permita completar sus tareas matutinas sin tener que apresurarse.

- No encienda la televisión, ya que ésta lo distraerá y le hará llegar tarde.

- No conteste al teléfono, a menos que crea que se trata de un asunto realmente importante.

- Antes de salir de casa, repase mentalmente su lista para comprobar que tiene todo lo que necesita.

Hacer una lista de quehaceres es una forma muy efectiva de organizar un día atareado, incluso puede colgar la lista en la nevera para asegurarse de que no se olvida de nada.

En el trabajo

Tener una rutina de trabajo le ayudará a definir sus logros y le permitirá, al final del día, dejar atrás las presiones laborales. Una vez por semana, planifique su programa semanal de trabajo.

Asimismo, invierta los primeros 15 minutos de cada día de trabajo en definir los objetivos del día. Le puede resultar útil hacer una lista, pero vigile que ésta no sea demasiado larga, de lo contrario puede desalentarle y desmotivarle.

- No intente hacer demasiadas cosas a la vez.
- Ponga prioridades y haga lo esencial primero.
- Trate de abordar enseguida una de las cosas de la lista que más le disgusten, ya que una vez realizada se sentirá gratificado.
- Resérvese media hora al día para los imprevistos.
- Delegue cuantas más tareas mejor y no cargue usted con todo.
- Si no puede delegar, pida ayuda.
- Consígase un buen diario y úselo.
- El tiempo de las entrevistas debe estar definido de antemano, deje claro cuándo finalizan.
- Si se retrasa, telefonee a la persona con la que ha de encontrarse. Si no le queda otra solución que romper un compromiso, notifíquelo con el mayor detalle posible.
- Tómese un tiempo al final del día para revisar lo que ha realizado y para felicitarse por el trabajo cumplido.

Controlar el teléfono

- Si ha de realizar varias llamadas, agrúpelas, es más eficiente.
- Utilice un contestador automático y desconecte el móvil si no quiere ser molestado.
- Si trabaja en casa, invierta en una segunda línea de teléfono y no responda fuera de las horas de trabajo.
- No conteste al teléfono justo antes o durante las comidas, si realmente es importante, volverán a llamar.

No deje que el teléfono invada toda su vida, responda sólo cuando le convenga y telefonee cuando tenga tiempo de sobra para hacerlo.

Lugar de trabajo

Una mesa de trabajo desordenada dificulta trabajar de forma eficiente. Ordene su mesa al final de la jornada, disponga de bandejas de entrada, salida y pendientes, y coloque a mano lo que necesite. Tenga bolígrafos y recambios a su alcance y deseche los que ya estén gastados.

Pausa para pensar

La mayoría de nosotros vivimos gobernados por el reloj, siempre con un plazo límite u otro que nos impiden ser más eficientes y productivos. Como esclavos del tiempo que somos, y en lugar de pensar acerca del objetivo que hay que cumplir, nos apresuramos a acabar las tareas y con frecuencia nos equivocamos. Tomarse unos momentos para pararse a pensar le dará la oportunidad de actuar con mayor conciencia y por tanto reaccionará en cada situación de la forma más adecuada.

Una pausa a su debido tiempo también le permitirá saber decir que "no" y evitar así comprometerse con demasiadas cosas a la vez.

En el trabajo, tómese su tiempo para disfrutar de un nutritivo tentempié y recargar las pilas.

Tómese un descanso

Todo el mundo sabe que trabajar horas y horas seguidas sin descanso perjudica la salud y puede ser muy peligroso. Lo mismo sucede cuando conduce: cada dos horas tendría que pararse, porque su concentración y habilidades comienzan a decaer. Muchas de las sillas de despacho potencian una mala postura, y muchas horas mal sentado y mirando a la pantalla del ordenador pueden producirle dolor en el cuello, la espalda y cansarle la vista. Levántese, estírese y camine, al menos una vez cada hora. Tómese un tiempo para la comida y, a ser posible, coma fuera del despacho. Recuerde que la ley laboral contempla descansos durante el trabajo, y usted será mucho más productivo si se los toma.

Cuándo es necesario desconectar

No caiga en la trampa de pensar que cuantas más horas invierta en su jornada laboral más cosas logrará acabar; de hecho, es justo lo contrario.

Trabajar demasiadas horas y llevarse el trabajo a casa es contraproducente. Mantenga el trabajo y el hogar separados. Es esencial saber invertir un tiempo "propio" en la familia. Si dedica su tiempo de ocio a relajarse, volverá al trabajo renovado y podrá prestarle la mayor atención.

Calma instantánea en el trabajo

Si se ve impelido a un estado de crispación nerviosa ante la proximidad de un plazo límite, es muy importante que se esfuerce de forma consciente en calmarse. Intente parar, cerrar los ojos y respirar lenta y profundamente. Siéntase más relajado y perciba cómo su corazón late con mayor lentitud. Por otro lado, y de forma alternativa, puede seguir los pasos de la meditación rápida y fácil que se indican en la página 25.

Tiempo libre: las vacaciones

Las vacaciones son una oportunidad para descansar y recargar baterías, pero demasiado a menudo se transforman en un acontecimiento estresante. Una cierta preparación mental y física pueden ayudar mucho en este asunto. En efecto, la planificación es la clave para unas buenas vacaciones. Ante todo, escoja unas vacaciones que se adecuen a usted y a su familia. Infórmese todo cuanto pueda sobre el lugar escogido para saber cómo llegar hasta allí y qué llevarse. Unos días antes prepárese mentalmente, haciendo un esfuerzo por relajarse y aminorar la velocidad, y tómese quizás un día extra libre para serenarse antes de emprender la marcha.

Relajarse en casa

Su casa es también su santuario. El ambiente en el que vive tiene un gran impacto en cómo se siente y en su bienestar. Una casa desordenada, llena de cachivaches y mal pintada le hará sentirse estresado. En cambio, una casa luminosa y ordenada, reflejo de su carácter y de la familia, creará una atmósfera feliz y positiva donde poderse relajar realmente.

Luz y espacio

La luz natural es la mejor para las ojos, por lo que debe orientar la mesa de trabajo cerca de una ventana para aprovechar la luz natural al máximo. Un ambiente espacioso y luminoso es lo más relajante; también puede crear espacio despejando las superficies de los muebles.

Baje el volumen

El ruido puede ser un agente estresante de primer orden, aunque puede que no se haya dado cuenta de ello. Vea la televisión si verdaderamente hay algún programa interesante y apáguela en las horas de la comida. En lugar de la televisión puede tranquilizar su ánimo escuchando música.

Para crear una atmósfera de serenidad en su casa, evite las luces fluorescentes y utilice luces suaves o velas durante la noche.

Los diez mejores consejos para tener la casa ordenada

1. Quítese los zapatos a la entrada de su casa, de esta manera evitará que la suciedad de la calle pase del recibidor.

2. Haga en primer lugar el trabajo doméstico que menos le guste.

3. Coloque una papelera en cada habitación.

4. Cuantas menos cosas tenga, más fácilmente las podrá mantener limpias. Ordene las cosas una vez al mes y haga una limpieza a fondo una vez al año. Si tiene alguna cosa que no ha utilizado en el transcurso de un año, es posible que no la necesite.

5. Mantenga ordenado su lugar de trabajo.

6. El espacio para almacenar cosas es importante: invierta en unos armarios si los necesita.

7. Estimule a sus hijos a que sean ordenados.

8. Para evitar un desorden arbitrario, coloque un caja para "objetos perdidos" en la sala de estar.

9. Recoja después de comer, en lugar de dejar los platos sucios para el día siguiente.

10. Atribuya a cada miembro de la familia su papel en las labores domésticas.

Estimule a sus hijos para que mantengan la casa limpia y ordenada.

Feng shui

El feng shui es un antiguo arte chino que consiste en disponer las cosas y espacios de la casa de forma que estén en armonía con el flujo de la energía *chi*, la fuerza universal (véase pág. 19). Cada terreno, edificio y habitación tiene su propio flujo de *chi*; el feng shui propone ciertos cambios para facilitar dicho flujo. El profesional de feng shui le asesorará detalladamente sobre cada estancia de la casa y le sugerirá cambios, como, por ejemplo, una nueva combinación de colores o una redistribución de plantas y mobiliario. Para mejorar el feng shui en su casa, ponga orden en la misma y asegúrese de que queda mucho sitio alrededor de los muebles.

El mundo que le rodea

La gente a la que le gusta la naturaleza suele ser más feliz y tranquila. Hoy en día, se vive en ciudades ruidosas, contaminadas y superpobladas, donde el cemento predomina sobre lo verde. Sin embargo, no es necesario vivir en el campo para sacar provecho de la naturaleza. Dé un paseo por el parque para relajarse y aprenda a apreciar el "mundo" que le rodea.

El estupendo aire libre

En última instancia, vivir de forma relajada depende del tiempo que usted pase al aire libre. Se sabe que la luz es esencial para regular nuestro reloj interno, el cual controla la

Las plantas aportan oxígeno al ambiente, al tiempo que absorben dióxido de carbono y otras toxinas.

producción de hormonas y el sueño. Intente pasar sus vacaciones en la montaña y al lado del mar para sacar el mayor partido a la luz y al aire libre.

La vida en el parque

Un paseo por el parque le ayudará a reconectar con el mundo natural. Visite el mismo parque en las distintas estaciones del año y podrá apreciar el ciclo de la naturaleza. Tómese tiempo para reparar en los colores de los árboles y de las flores, así como en sus fragancias. Respire profundamente y consiga grandes cantidades de aire fresco.

La jardinería

La jardinería es una actividad maravillosa y relajante, porque libera la tensión física, lo que comporta una reducción de las hormonas del estrés que circulan por el cuerpo, al tiempo que el mero acto de cultivar plantas es apaciguante por sí mismo. Es mejor que los principiantes de jardinería trabajen con plantas que no precisen de grandes cuidados (busque consejos prácticos en los libros de jardinería). Si no tiene jardín, coloque jardineras en las ventanas.

Incremente el nivel de oxígeno de su hogar con algunas plantas de maceta.

Nunca juzgue el día por el tiempo que hace

Con demasiada frecuencia dejamos que sea el tiempo quien determine nuestro estado de ánimo: buen humor en un día soleado, o estado melancólico e introspectivo en un día lluvioso. En lugar de esto, piense positivamente acerca de los distintos aspectos del tiempo: el frescor y el crujir de la nieve, la lluvia que nutre los cultivos o el hecho de que los relámpagos limpien literalmente el aire.

El sentido del tiempo

Aunque no seamos conscientes de ello, nuestro cuerpo tiene un sentido natural del tiempo. Pregúntese con qué frecuencia necesita saber la hora.

Estaciones

El aire acondicionado y los sistemas de calefacción han eliminado gran parte del impacto estacional, pero, si usted consigue vivir en armonía con los ciclos de la naturaleza, apreciará la vida mucho más.

La primavera, tradicionalmente la estación de la esperanza y de la renovación, es el momento idóneo para renovar, organizar y hacer cambios. El verano se asocia más a la felicidad, a la luz y al sentido de libertad y despreocupación. El otoño es la estación del disfrute de la abundancia, del tiempo para la reflexión sobre lo que se ha conseguido, y también el tiempo para el agradecimiento. El invierno es el tiempo del descanso, del retiro y de la reflexión sobre lo que ya ha pasado.

Cuando llegue a casa después del trabajo y durante los fines de semana, quítese el reloj y elimine las presiones del tiempo.

Dormir bien

Una buena noche de sueño es un período de profundo descanso, algo esencial para el bienestar físico y mental. El tiempo que invertimos en dormir es la mejor manera de recuperarse de las enfermedades y de combatir el estrés. Cuando dormimos, nuestro cuerpo se regenera, y la mente puede resolver problemas importantes a través de los sueños.

¿Qué es dormir?

Dormir es un estado natural de inconsciencia en el que la actividad eléctrica del cerebro es más rítmica que cuando se está despierto y se reacciona menos a los estímulos externos. Existen dos estados básicos del sueño: el sueño profundo, conocido como no-REM (del inglés "Rapid Eye Movement", movimiento rápido de los ojos), cuando el cuerpo se regenera y se repara a sí mismo, interrumpido por episodios de REM, cuando se producen la mayoría de sueños.

Establecer una rutina antes de acostarse, que le tranquilice y le ayude a aflojarse y relajarse, puede ser una buena manera de dormir bien toda la noche.

¿Cuánto es preciso dormir?

La cantidad de horas que se deben dormir varía de un individuo a otro y disminuye con la edad. La mayoría de adultos tienen bastante con siete u ocho horas de sueño, aunque algunos expertos indican que es necesario dormir más. A los ancianos les suele bastar dormir entre cinco y seis horas.

Problemas de sueño

El sueño es una de las primeras cosas que se resienten cuando usted está estresado, y dormir poco, a su vez, le hará sentirse más cansado e irritable. La falta de sueño es por sí misma un factor de estrés, y con demasiada facilidad quedamos atrapados en un círculo vicioso de insomnio difícil de romper. Existen muchos tipos de insomnio, incluidos el no poder dormirse, el despertarse muchas veces por la noche o el despertarse temprano por la mañana.

Potenciadores del sueño

- No se vaya a la cama con hambre, pero evite las comidas pesadas antes de acostarse.

- Los plátanos, la leche y las galletas integrales son alimentos sedantes ideales para comer antes de irse a la cama.

- La cafeína, el alcohol y la nicotina perturban el sueño. Beba una infusión antes de acostarse; la manzanilla es espacialmente efectiva.

- El ejercicio físico durante el día favorece la eliminación de las hormonas del estrés, pero evite hacer ejercicio (excluido el sexo) al menos tres horas antes de acostarse.

Tómese una bebida sedante y sabrosa antes de acostarse.

Propóngase una rutina

- Pare de trabajar al menos una hora antes de acostarse para calmar la actividad mental.

- Un baño caliente antes de acostarse relajará sus músculos y calmará su cuerpo.

- Acuéstese y levántese siempre a la misma hora.

- El dormitorio debe ser el sitio donde duerme y no una extensión de su despacho o sala de estar; manténgalo tranquilo y cálido.

- Si no puede conciliar el sueño, levántese de la cama y vaya a otra habitación a leer, ver algo tranquilo en la televisión, etc., hasta que sienta sueño de nuevo.

La importancia de los sueños

Todos tenemos sueños, aunque no podamos recordarlos al despertarnos. Se considera que soñar actúa como una válvula de seguridad psicológica que nos permite ahondar problemas, emociones e inquietudes y afrontar, de ese modo, frescos el nuevo día.

Remedios naturales para relajar

Los remedios naturales son muy efectivos para reducir los efectos del estrés y para restablecer el equilibrio del cuerpo y de la mente. Se trata de una manera agradable de mejorar nuestro bienestar y se vienen utilizando desde hace milenios.

Aromaterapia

Los aceites esenciales se destilan de las plantas, flores y resinas y se usan para potenciar la buena salud y favorecer la relajación. El sentido del olfato está ligado directamente a ciertos recuerdos y estados de ánimo (véase pág. 29). Entre otras cosas, los aceites esenciales pueden actuar como antidepresivos, analgésicos, tónicos y también pueden ayudarle a dormir bien toda la noche.

Pocas cosas hay tan relajantes como un masaje de aromaterapia. El tratamiento alivia la tensión muscular y constituye por sí mismo, por el delicioso aroma de los aceites esenciales, un regalo para los sentidos.

Los aceites pueden ser inhalados, aplicados en compresas para aliviar el dolor, añadidos al agua del baño o como aceite de masaje, así como usados en un vaporizador.

Masaje

Un masaje de aromaterapia combina las propiedades relajantes de varios aceites con el efecto benéfico del tacto. Diluya unas gotas de tres aceites esenciales en un aceite de soporte, como por ejemplo el de almendras dulces o el de semillas de albaricoque; añada aceite de jojoba para pieles muy secas. Mezcle seis gotas de un aceite esencial con 15-20 ml (4 cucharaditas de café) de aceite de soporte para tener suficiente para un masaje de todo el cuerpo.

Baños

Añada al baño sólo aceites puros de los que esté seguro que no irritan, como la manzanilla romana o la lavanda; en caso contrario, dilúyalos en un aceite de soporte. Añada cinco gotas y remueva el agua para dispersar los aceites antes de entrar en la bañera. Los aceites añadidos al baño son en parte inhalados y en parte absorbidos por la piel, lo que comporta que enseguida se puedan apreciar sus efectos benéficos.

Los aceites esenciales que relajan

Bergamota *(Citrus bergamia)*: sedante, euforizante y bueno para la tensión y la depresión.

Manzanilla romana *(Chamaemelum nobile)*: calmante; ideal para el tratamiento del insomnio.

Jazmín *(Jasminum officinale)*: estimulante o sedante, según convenga; excelente antidepresivo y afrodisíaco.

Enebro *(Juniperus communis)*: bueno para combatir la fatiga y para elevar la autoestima.

Lavanda *(Lavandula angustifolia)*: un aceite muy útil y popular, usado para relajar, como antidepresivo y analgésico.

Melisa o toronjil *(Melissa officinalis)*: desde la antigüedad utilizado para combatir la melancolía; equilibra las emociones.

Romero *(Rosmarinus officinalis)*: refrescante y estimulante.

Sándalo *(Santalum album)*: utilizado como antidepresivo y afrodisíaco.

Vetiver *(Vetiveria zizanioides)*: equilibra el sistema nervioso; bueno para combatir el insomnio.

Ilang Ilang *(Cananga odorata)*: sedante, utilizado como afrodisíaco y bueno para el tratamiento de los ataques de pánico.

Precaución

- Diluya siempre los aceites esenciales antes de usarlos (aunque tanto el de lavanda como el del árbol del té pueden utilizarse puros en situaciones de emergencia).

- Algunos aceites no son recomendables durante el embarazo.

- Busque ayuda profesional antes de utilizar aceites esenciales si ha padecido o padece alguna enfermedad, como, por ejemplo, infarto, diabetes o hipertensión.

- Algunos aceites no son adecuados para los niños pequeños; asegúrese antes de usarlos.

- Algunos aceites reaccionan de forma adversa si son expuestos a la luz solar.

- No utilice varillas de incienso si padece problemas respiratorios como el asma.

- No ingiera aceites esenciales si no han sido prescritos previamente por un profesional cualificado.

Vaporización

Inundar el ambiente de una habitación con el aroma de su elección es una de las mejores maneras de disfrutar de los aceites esenciales. Añada un par de gotas de aceite esencial a una cazoleta con agua y póngala en un radiador o quemador de aceites.

Algunos aceites pueden levantar el estado de ánimo, así como mejorar la concentración y actuar como relajantes.

Herbalismo

Los remedios herbales utilizan plantas para curar y fortalecer el cuerpo, favoreciendo el restablecimiento de la salud. Muchos medicamentos sintéticos, como la aspirina, han derivado de sustancias extraídas de ciertas plantas, pero el herbalismo utiliza toda la planta, ya que considera que la compleja mezcla de componentes crea una "sinergia" herbal que es más efectiva que la suma de los mismos por separado.

Utilizar remedios herbales

Las hierbas suelen tomarse en forma de infusión, o usarse en tinturas o decocciones. También sirven para elaborar ungüentos, aceites de masajes o cremas para extender por la piel o para añadir a compresas frías o calientes. Muchos de los remedios herbales se pueden comprar ya preparados en tiendas especializadas.

Decocción

Cierto tipo de material vegetal, como las raíces o los tallos, suele hervirse para extraer sus ingredientes activos. El líquido que se obtiene se toma frío o caliente. Si se deja reducir, hirviéndolo más tiempo, y se le añade azúcar, se consigue un jarabe.

Infusiones

Una infusión consiste en poner una cierta cantidad de hierbas en una taza con agua recién hervida y dejarla reposar unos 10 minutos. Transcurrido el tiempo, se filtra el líquido y se bebe caliente o frío. Las infusiones se pueden mantener en la nevera hasta 24 horas y después recalentarlas.

Tinturas

Las tinturas se realizan sumergiendo las hierbas en una mezcla de alcohol y agua. El alcohol actúa de conservante (la mezcla se puede guardar hasta dos años) y también extrae los constituyentes medicinales de la planta.

Precaución

- Si está embarazada o padece alguna enfermedad, como problemas cardíacos, diabetes o hipertensión, busque asesoramiento profesional antes de tomarse ningún remedio herbal.
- Si está sometido a medicación, consulte a un herborista cualificado antes de utilizar remedios herbales.

Los remedios herbales son una manera natural de aliviar el estrés de la vida moderna. Recuerde no exceder la dosis recomendada.

Hierbas populares para la relajación

Manzanilla romana *(Chamaemelum nobile)*: favorece la relajación y la digestión.

Equinácea *(Echinacea purpurea)*: fortalece el sistema inmunológico.

Ginko *(Ginkgo biloba)*: mejora la circulación sanguínea y la actividad de los neurotransmisores en el cerebro; alivia los zumbidos de oído.

Lavanda *(Lavandula angustifolia)*: levanta el ánimo, alivia la indigestión y los dolores de cabeza.

Tila *(Tilia cordata)*: relajante muy efectivo que reduce la ansiedad y el desasosiego.

Hierba de San Juan o hipérico *(Hypericum perforatum)*: un antidepresivo muy conocido, sin efectos secundarios.

Escutelaria o flor de casco *(Scutellaria lateriflora)*: relajante y tonificante nervioso que reduce la ansiedad y el desasosiego.

Verbena *(Verbena officinalis)*: sedante y tónico nervioso, alivia el insomnio, la tensión y la depresión.

Remedios florales

Las esencias florales se consiguen mediante infusión de las flores en agua. Al extracto así obtenido, se le añade alcohol o brandy como conservante. La aplicación de las esencias florales empezó a desarrollarse en Inglaterra, en la década de 1920, por un médico homeópata llamado Edward Bach.

El Dr. Bach atribuía a las flores propiedades curativas para ciertas enfermedades emocionales. Edward Bach alegaba que las emociones perjudiciales eran la causa principal de las enfermedades e identificó siete estados mentales: miedo, inseguridad, desinterés por las circunstancias actuales, soledad, hipersensibilidad, pesimismo y preocupación excesiva por el bienestar de los otros —los cuales subdividió en otros 38 sentimientos negativos, cada uno asociado a una planta en particular—. El efecto de las flores de Bach es indiscutible, aunque no se sabe bien cómo funcionan. Así pues, a pesar de carecer de un efecto bioquímico determinado, los terapeutas creen que las flores de Bach contienen la energía, o huella, de la planta y proporcionan el estímulo que dispara los mecanismos autocurativos del cuerpo.

Glosario

Adrenalina
Hormona que segregan las glándulas suprarrenales y preparan al cuerpo para "luchar o huir". Tiene amplios efectos sobre la circulación, los músculos y las tasas metabólicas.

Aminoácidos
Compuestos orgánicos que se encuentran en las proteínas. Los aminoácidos esenciales no pueden ser elaborados por el organismo, por lo que es preciso incorporarlos con la comida.

Chi
"Fuerza universal" de la medicina tradicional china (también conocida como *ki*, *qi* o *q'i*); es el equivalente al prana de la medicina ayurvédica.

Colesterol
Sustancia parecida a la grasa presente en la sangre y en la mayoría de tejidos. Cantidades elevadas de colesterol pueden dañar las paredes de los vasos sanguíneos, produciendo un engrosamiento de las

arterias. Niveles altos de colesterol pueden producir problemas de corazón.

Endorfinas
Analgésicos naturales producidos por el cuerpo.

Estimulante
Algo que tiene el poder de despertar la mente o el cuerpo. Algunos estimulantes conocidos son, por ejemplo, la nicotina, el alcohol, el café, el té y el chocolate.

Hiperventilación
Se trata de una respiración de ritmo anormalmente elevado, que puede llevar a la pérdida de conciencia, al tiempo que la acidez de la sangre se reduce de forma espectacular.

Hormona
Sustancia producida por una parte del cuerpo que viaja por el flujo sanguíneo hasta otro órgano o tejido, donde actúa para modificar su estructura o funciones.

Metabolismo
Procesos químicos que tienen lugar en el cuerpo y que permiten la actividad y funcionamiento de todo el organismo.

Neurotransmisores
Sustancias químicas que se liberan en las extremidades de los nervios y que transmiten impulsos entre los nervios, los músculos y las glándulas.

Proteínas
Constituyentes esenciales del cuerpo que forman su estructura material y, como los enzimas y las hormonas, regulan las funciones del organismo.

Serotonina
Neurotransmisor cuyos niveles en el cerebro tienen un importante efecto en el estado de ánimo de la persona.

Sistema cardiovascular
Vasos sanguíneos y corazón.

Sistema inmunológico
Órganos responsables de la inmunidad, con habilidad para resistir y defenderse de las infecciones.

Sistema nervioso autónomo
Parte del sistema nervioso responsable de las funciones automáticas del cuerpo, como la respiración, la transpiración, la salivación, la digestión y el latir del corazón. El sistema simpático activa la respuesta de alarma del cuerpo y lo prepara para la acción. El sistema parasimpático está relacionado con el restablecimiento y la conservación de los recursos del cuerpo.

Sistema nervioso central
Red de células muy extensa que transporta información en forma de impulsos eléctricos hacia y desde todas las partes del organismo para producir la actividad corporal.

Direcciones útiles

Aromaterapia

Escuela Mediterránea de Aromaterapia

Federación Internacional de Aromaterapeutas IFA

Alloza 76

12001 Castellón

Tel: 34 642411825

Entrenamiento autogénico

Asociación Española de Psicoterapia AEP

Instituto de Psicoterapia Autógena

Centro de Investigación Psicosomática

Tel: 34 902105210

website: http://www.psicoter.es

e-mail: psy@terra.es

Herbalismo

Gremio de Herbolarios y apiculturos

Rda. Universitat 6, ent. 1ª

08007 Barcelona

Tel: 93 4121445

website: http://www.associadietherb.com

e-mail: gremi83@comunired.com

Hipnoterapia

Centro de Investigación en Psicoterapia

General Díaz Porlier 33

28001 Madrid

Tel: 34 914025917

website: http://www.ceipsicoterapia.com

e-mail: cramos@mudivia.es

Masaje

Escuela de Quiromasaje

Cartagena 179

28002 Madrid

Tel: 34 915613131

website: http://www.eqm.arrakis.es

e-mail: eqm98@arrakis.es

Meditación

Casa del Tíbet

Passeig de Sant Joan 104, 2° 2ª

08037 Barcelona

Tel: 34 932075966

website: http://www.casadeltibetbcn.org

e-mail: info@casadeltibetbcn.org

Nutrición

Sociedad Española de Dietética y Ciencias de la Alimentación
Federación Española de Sociedades de Nutrición, Alimentación y Dietética
(FESNAD)
Tremp 7, bajos
28040 Madrid
Tel: 34 914598553
website: http://www.www.nutricion.org
e-mail: sedca@nutricion.org

Reflexología

ISMET
Clínica y centro de estudios
Floridablanca 18-20
08015 Barcelona
Tel: 34 934265050
website: http://www.centreismet.com
e-mail: ismet@wanadoo.es

Relajación y Respiración

Integral: Centro médico y de salud
Plaça Urquinaona 2, 3º 2ª
08010 Barcelona
Tel: 34 933183050/34 933017837
website: http://www.integralcentremedic.com

Tai Chi

Tai chi taoísta
Plaça Joanic 3, bajos
08024 Barcelona
Tel: 34 932840491
e-mail: atctcat@redestb.es

Técnica Alexander

Asociación Profesores Técnica Alexander España (APTAE)
Tel: 34 637248343
website: http://www.aptae.net
e-mail: aptae@mixmail.com / info@aptae.net

Terapia Gestalt

Asociación española de terapia Gestalt
Plaça Universitat 1, 2 A
08007 Barcelona
Tel: 34 933233222
website: http://www.gestalt.es
e-mail: info@gestat.es

Yoga

AEPY (Asociación Española de Practicantes de Yoga)
Plaça Osca 4, bajos
08014 Barcelona
Tel: 93 4319457
website: http://www.aepy.org
e-mail: aepy@arrakis.es

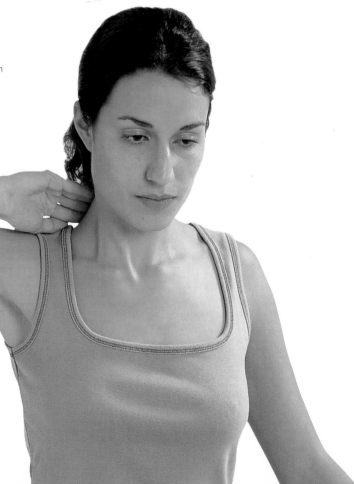

Índice

aceites esenciales 56-57
adaptación, estados de 6-7
adrenalina 8, 44, 60
agotamiento 7
Alexander, técnica de 15
aminoácidos 60
aromaterapia 56
    aceites 29
    baños 56
    masaje 56
atención vigilante, meditación
    22, 34
autoestima 32
autohipnosis 30
automasaje 17
autosugestión 32

Bach, Edward 59
baños 15
bergamota, aceite de 57
biofeedback 31

cambios positivos 35
caminar 7, 39, 44, 52
carbohidratos 40
chi 13, 19, 51, 60
ciclismo 45
colesterol 6, 60
concentración en la respiración 25
concentración pasiva *véase*
    vipassana
control mental 23
Coué, Emile 32

decocción 58
dieta 38, 40-43
duelo 37

ejercicio 44-45
endorfinas 33, 44, 60
enebro, aceite de 57
energía vital, recuperación de 18
entrenamiento autogénico 31
estaciones 53
estimulantes 42-43, 60
    dependencia 43
estrés
    causas (agentes) 6
    cómo identificarlo 8
    estadios de adaptación 6-7
    hormonas 6

feng shui 51
fruta 43

grasas 40

hidroterapia 15
hijos 37
hiperventilación 60
hipnosis 30-31
hipnoterapia 30
hormonas 60

ilang ilang 57
infusiones 58
insomnio 8

jardinería 52
jazmín, aceite de 57

lavanda, aceite de 57
lista de quehaceres 46
"luchar o huir", respuesta 23

manzanilla, aceite de 57
masajes 10, 16-17
    de manos 11-17
    de cabeza 17
    de cuello y hombros 16
    efectos físicos 16
meditación 4, 22-25, 32
    mantra 25
melisa, aceite de 57
metabolismo 60
miedo al futuro 35
música 28

Namaste (postura del orador) 11
Natarajasana (postura del dios
    de la danza) 18
naturaleza 52-53

objeto de meditación 24
olfato 29
Om 25
ondas cerebrales 23
ordenar el espacio 48, 51

parejas 36
pensamiento positivo 35
pies 19
posturas, malas 48

proteínas 40, 60

reflexología 10, 19
relaciones 36-37
relajación 8-9
    cinta magnetofónica 28
relajación creativa 29
relajación muscular 10, 14
REM (movimiento rápido
    de los ojos) 54
remedios florales 59
remedios herbales 58
respiración 10, 12-13, 44
    deficiente 12
respiración alterna 13
risa 33
romero, aceite de 57

sándalo, aceite de 57
serotonina 60
sistema central nervioso 23, 61
sistema inmunológico 61
sueño 54-57
    potenciador 55
    problemas 54

tacto terapéutico 25, 29
tai chi chuan 19
tensión muscular 14
tiempo meteorológico 53
tinturas 58
trabajo 39, 46-49
    desconectar del 49

vacaciones 49
vaporización 57
vipassana 22
visualización 26-29, 32, 35
vitaminas 41